KB023473

THE
ESSENCE
OF
COFFEE

EBS 클래스ⓔ 라이프

원두, 생두, 추출,
그리고 메뉴까지
커피를 제대로
즐기기 위해 필요한
커피의 기본

구대회 지음

커피의 본질

서문

카페라테와 카푸치노의 차이는 걷기와 뛰기만큼 간극이 있다. 그럼에도 시중에는 이도 저도 아닌 정체 불명의 메뉴, 라푸치노(라테와 카푸치노의 중간 형태를 이르는 말)가 나오기도 한다. 세상에 이런 메뉴는 없다. 바리스타가 의도한 것이 아닌 실력 부족, 또는 실수가 초래한 음료다. 에스프레소는 커피 음료의 가장 기본이 되는 메뉴이나 손님은 물론이고 일부 바리스타조차 이해가 부족한 것이 현실이다. 모르고 서툰 것을 잘 해내는 것은 주말 골퍼에게 싱글 핸디캡퍼를 기대하는 것만큼 어려운 일이다.

이 책은 크게 생두, 원두, 추출, 메뉴로 구성되었다. 각 장 마지막에는 카페와 커피, 그리고 맛의 의미에 대한 필자의 단상을 넣었다. 생두는 커피 맛을 결정하는 가장 근본적인 것으로 그 이해가 필수적이기에 커피의 생육 환경부터 커피나무 키우기까지 폭넓게 다뤘다. 원두는 생두를 볶은 것으로 커피 음료의 기본 재료다. 로스팅 시 생두의 물리적·화학적 변화, 로스터기, 커핑, 홈로스팅 등에 대해 알기 쉽게 설명했다. 추출은 바리스타뿐만 아니라 커피를 좋아하는 일반인에게도 필요한 것이다. 맛있는 커피를 만들기 위해 필요한 커피 기구와 사용법에 대해 상세하게 소개했다. 메뉴는 커피의 일대기 중 마지막 단계로, 우리가 생활 속에서 흔히 접하는 커피 음료에 대한 이해를 돕고자 그 의미와 만드는 방법 등에 대해 실용적으로 서술했다.

칼디가 처음으로 커피를 발견하고 지금에 이르기까지의 커피 역사와 추출 방법의 변화, 그리고 음료의 발달상 등 방대한 것을 다루었기에 일부 미흡함이 없지 않다. 미약하나마 이 책이 이제 막 커피를 시작하는 분들과 현업 종사자에게 작은 도움이 되기를 바란다. 부족한 부분에 대해서는 따끔한 질책을 부탁드리며, 후배 커피인들은 필자를 마중물로 삼아, 혹은 딛고서 더 발전하고 전진하기를 간절히 소망한다.

이 책이 나오기까지 여러 분께 신세를 졌다. 무엇보다 모난 글을 다듬고 빛내준 김민영 편집자님께 깊이 감사드린다. 이 책을 기획한 EBS BOOKS의 최재진 과장님, 〈EBS 클래스 ⓔ〉 '올 어바웃 커피'의 이규대 피디님, 박한솔 작가님께 이 면을 빌어 고마움을 전한다. 마지막으로 집필 중 영감을 준 나의 인생 코치, 시선투자자문의 정재학 대표님께 감사드린다.

나의 구원久遠의 여상女像인 연희가 10년 후 대학생이 되었을 때 카페에서 아빠 책을 읽으며 씨익 웃는 모습을 상상해 본다. 먼 훗날 부모 품을 떠나 누군가의 구원의 여상이 될 연희에게 이 책을 바친다.

01 GREEN BEAN

생두

02 WHOLE BEAN

원두

03 EXTRACTION

추출

04 MENU

메뉴

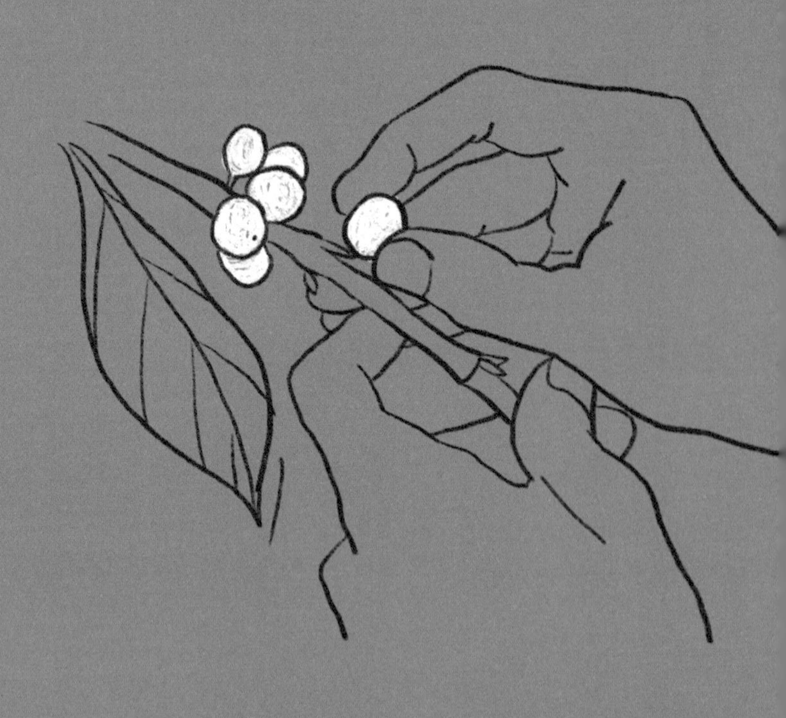

01

생두

GREEN BEAN

커피의 맛은 생두에서 결정된다. 혹자는 커피 맛의 90%를 생두가 좌우한다고 말한다. 그렇기에 커피를 알고 싶다면 생두를 가장 먼저 이해하는 것이 제일의 원칙이다. 1장에서는 커피가 어떤 환경에서 자라고 어떤 방법으로 수확 및 가공되는지 살펴본다. 또한 커피의 역사에 중요한 영향을 미친 사건과 인물을 소개한다.

GREEN BEAN 1

커피의 생육 환경

커피에 관한 오해 가운데 하나는 무더운 나라에서 잘 자란다는 것이다. 일부는 맞고 일부는 틀린 말이다. 커피 재배지는 적도를 기준으로 남위 23.5도와 북위 23.5도 사이에 주로 분포한다. 이를 커피벨트Coffee Belt라고 한다. 표면상으로는 열대와 아열대기후를 폭넓게 아우르지만, 실상 커피가 자라는 지역은 기온, 일조량, 강수량, 토양, 고도 등 생육 조건이 무척 까다롭다.

커피나무가 잘 자라는 기후는 사람이 살기에도 적합하다. 기온은 20℃ 내외로, 우리나라의 봄, 가을 날씨에 해당한다. 일조량은 하루 3시간 정도가 적당하다. 그 이상이 되면 잎의 온도가 올라가 광합성이 저하된다. 연간 강수량은 2,000mm 내외가 이상적이다. 토양은 pH 5~6 정도의 약산성을 띠면서 용암과 화산재가 풍부해야 커피를 경작하기에 이롭다. 고도는 800m 이상은 되어야 한다. 아라비카 품종과 달리 로부스타 품종은 더 낮은 고도에서도 재배가 가능하다. 상대적으로 고위도 지역은 기후가 서늘해서 고도가 더 낮아도 재배가 가능하나, 적도에 가까운 저위도 지역이라면 고도가 높아야 한다.

우리나라에서 커피 재배가 어려운 이유는 무엇보다 서리와 높은 연교차 때문이다. 커피나무는 서리에 굉장히 취약하다. 서리를 맞으면 나뭇잎이 갈색으로 변하고, 심하면 나무가 고사하기도 한다. 한번 서리에 노출되면, 그 나무는 더 이상 커피 열매가 열리지 않기 때문에 뽑아야 한다. 우리나라의 겨울은 한파 때문에 영하 20℃까지 떨어지고, 삼복더위에는 영상 40℃ 가까이 오른다. 연교차가 60℃에 이르는 우리나라의 기후에서는 커피나무가 생존하기 어렵다.

거의 모든 식물이 그러하겠지만 햇빛도 커피 재배에는 중요한 몫을 한다. 예전에 해외 커피 농장에 갔을 때 의아했던 장면 중 하나는, 커피나무 군데군데에 바나나 나무가 있는 것이었다. 바나나 씨앗이 땅에 떨어져 자연 발생적으로 난 것인지, 아니면 의도적으로 심은 것인지 궁금했다. 강한 햇빛에 취약한 커피나무를 보호하기 위해 그늘을 만든 것으로, 그늘경작법[Shade Grown]이라 한다. 커피를 수확하면서 바나나도 먹을 수 있으니 일석이조가 아닐까.

1,000m가 넘는 고산지대에서는 수시로 구름이 껴서 그늘 역할을 하기 때문에 큰 문제가 없다. 그렇지 않은 곳에서는 커피나

▲ 커피 농장 전경 ▼ 그늘경작법

무 주변에 바나나 나무나 아보카도 나무 등 그늘 나무Shade Tree를 심어 직사광선으로부터 커피나무를 보호해야 한다.

지구온난화의 영향으로 우리나라 역시 연평균 기온이 조금씩 상승하고 있다. 전남 해남에서는 아열대기후의 대표 작물인 바나나 나무 재배에 성공한 바도 있다. 더불어 커피나무 재배에 대한 열망과 노력도 높아지고 있다. 제주, 강릉, 충주 등 전국 각지에서 우리 토양에 맞는 커피 품종(일명 코리안 아라비카)을 개발하기 위해 다양한 시도를 하고 있다. 아직까지는 기후의 제약 때문에 노지가 아닌 하우스 재배로 커피나무를 키운다. 커피 농장은 주로 묘목을 분양하거나 자가 소비 그리고 관광 상품 목적 등으로 운영되고 있다.

GREEN BEAN 2

커피의 품종과 특징

커피는 꼭두서니과Rubiaceae 열대성 여러해살이 상록관목으로 코페아Coffea 속이다. 품종은 코페아 아라비카Coffea Arabica, 코페아 카네포라Coffea Canephora(로부스타Robusta), 코페아 리베리카Coffea Liberica로 나뉜다.

커피 씨앗은 심은 후 3~4년이 지나면 꽃이 피고 열매를 맺는다. 꽃은 다섯 개의 흰색 잎을 가지고 있으며, 달콤한 재스민과 치자나무 꽃 향이 난다. 꽃이 핀 후 8~11개월 정도가 지나면 수확이 가능한 열매가 된다. 선홍빛 열매는 꼭 체리를 닮아서 커피 체리라 부르는데, 열매 안에는 보통 두 개의 씨가 들어 있다. 간혹 두 개로 분화하지 못해 한 개만 있는 경우도 있는데, 이를 피베리Peaberry라 한다. 커피나무의 경제적 수령은 20~25년 내외다.

커피의 어원은 '마시면 기운을 북돋아준다'고 해서 아랍어로 '힘'을 의미하는 카와Kahwa에서 유래되었다는 설과 처음 발견된 지명

인 카파Kaffa에서 따왔다는 설이 있다. 나라별로 부르는 이름은 조금씩 다르다. 미국과 영국은 커피Coffee, 이탈리아는 카페Caffé, 프랑스는 카페Café, 독일은 카페Kaffee, 일본은 코히コーヒー, 중국은 카페이咖啡라고 한다.

전 세계 커피 생산량의 70% 이상을 차지하는 아라비카 품종은 에티오피아가 원산지다. 다른 품종에 비해 생육 조건이 무척 까다롭다. 우리나라 봄, 가을 날씨인 15~24℃에서 잘 자라며 고도가 낮으면 살 수 없어 해발 800m 이상은 되어야 한다. 연평균 강수량은 1,500~2,000mm 정도로, 상대적으로 물이 풍부한 지역에서 자라기 적합하다. 병충해에 취약해, 좀벌레가 유발하는 커피 역병과 곰팡이가 원인균인 커피 녹병을 주의해야 한다. 꽃가루 매개체가 필요 없는 자가수분을 하며, 나무 한 그루당 수확량은 0.45~1kg 정도다.

카네포라 품종은 흔히 로부스타라고 부르며 콩고가 원산지다. 아라비카에 비해 늦은 19세기 중엽에 발견됐다. 아랍어로 '견고'라는 뜻을 가진 로부스타라는 이름에서 알 수 있듯, 생육 조건이 원만한 편이며, 전 세계 커피 생산량의 29% 정도를 차지한다. 우리나라 초여름 날씨인 24~30℃에서도 잘 자란다. 해발 700m 미만에서도 생존이 가능해 서리와 높은 연교차만 아니라면 우리나라 평창에서도 자랄 수 있다. 강수량은 2,000~3,000mm가 요구된다. 열대우림에서도 잘 자리기 때문에 숲에서 자라는 커피라는 별칭이 있다. 아라비카에 비해 상대적으로 병충해에 강하다. 19세기 후반 전 세계적으로 커피 녹병이 창궐했을 때 상당수의 커피 산지가 아라비카를 로부스타로 대체했다. 타가수분을 하며 나무 한 그루당 약 0.7~1.3kg을 수확할 수 있다.

리베리카 품종은 라이베이라에서 처음 발견됐다. 통상 커피나무는 파종 후 3년이면 첫 수확을 하는데, 리베리카는 5년이 지나야 수확이 가능하다. 생두가 크고 수확량도 많으나 병충해에 약하다. 아라비카나 카네포라에 비해 향미가 떨어지고 거칠며 쓴맛이 강하다. 무엇보다 커피나무가 15m까지 자라서 관리가 어렵기 때문에 농부의 선택을 받지 못해 생산량은 보잘것없는 수준이다. 라이베이라를 제외하면 베트남과 인도네시아 정도에서 자라며 대개 수출하지 않고 자국에서 소비한다. 안타깝게도 리베리카는 라틴어로 '자유'와 '해방'을 의미하는 멋진 이름과는 달리 커피계의 계륵 취급을 받는 천덕꾸러기 신세다.

▲ 아라비카커피나무
▼ 로부스타커피나무

커피벨트

아라비카
로부스타
커피벨트
북위
+23.5
멕시코
온두라스
하와이
과테말라
자메이카
적도
코스타리카
콜롬비아
남위
-23.5
브라질

GREEN BEAN 3

씨앗에서 열매까지

"한 알의 밀알이 땅에 떨어져 죽지 않으면 한 알 그대로 있고 죽으면 많은 열매를 맺는다"는 성경 구절은 액면 그대로 해석하면, 반은 맞고 반은 틀린 말이다. 밀알이 땅에 떨어져 싹을 틔우지 않으면 썩어서 자연으로 돌아간다. 어쨌든 한 알의 밀알은 본향으로 돌아가, 다른 생물의 자양분이 되거나 많은 열매를 맺는다. 생두 한 알을 심으면 3년 후 커피나무가 되어 1년에 5,500여 개의 생두를 생산한다. 생두 한 알의 질량은 0.15~0.2g이며 커피나무 한 그루에서는 1kg 내외의 커피를 수확할 수 있다.

한 그루의 커피나무는 한 알의 생두에서 시작한다. 그러나 우리가 흔히 알고 있는 은피Silverskin가 덮인 생두를 파종하면, 무정란이 병아리가 될 수 없듯 아무리 기다려도 싹이 트지 않는다. 딱딱한 내과피Parchment 상태의 생두여야 싹이 튼다. 내과피에 쌓인 생두를 물에 충분히 불린 후, 영양분이 풍부한 흙에 손가락 한 마디 깊이로 심는다. 50~60여 일이 지나면 번데기가 나비가 되듯, 여린 싹이 딱딱한 내과피를 뚫고 빼꼼히 머리를 내민다. 파종 후 2~3개월이 지나면 파릇파릇한 떡잎이 나래를 편다. 3개월이 지나 막 떡잎이 나온 묘목은 작지만 어엿한 나무의 모습을 갖춘다. 어미 새가 잡아온 작은 벌레를 받아 먹다가 날개를 펴고 어미의 품을 떠나는 새끼 새처럼 커피나무도 묘목장을 떠나 농장에 새로운 터를 잡는다. 이제 따가운 햇볕도 온전히 받아내야 하고 물이 부족하면 땅에 뿌리를 깊이 뻗어 수분을 빨아 들여야 한다. 바람이 불면 흔들리고, 벌레들이 잎을 갈아 먹으면 그 고통 또한 감내해야 한다.

묘목은 2년 간의 인고의 세월을 견뎌내고 마침내 꽃을 피운다. 나비와 벌 등 꽃가루매개체가 필요 없는 아라비카도, 향긋하고 달콤한 꽃 내음을 내뿜는다. 혹자는 재스민 향이라 하고, 다른 이는 치자나무 꽃 향 같다고 한다. 화무십일홍이라 했던가. 열흘이 못 되어 다섯 개의 하얀 꽃잎은 땅에 떨어지고 그 자리에 열매가 열린다. 이때 커피나무는 품종에 따라 2~15m까지 자란다.

커피의 성장

▲ 잘 익은 커피 체리
▼ 내과피 상태의 생두

▲ 커피 꽃
▼ 커피 묘목

이때 수확 시 편의성과 많은 수확량을 위해 나무의 높이가 2m 내외를 유지하도록 가지치기를 해준다.

잘 익은 커피 열매의 색깔은 선홍빛 체리를 닮아 커피 체리라 한다. 알맞게 영근 커피 열매 송이의 자태는 체리보다는 포도송이를 닮았다. 실제로 잘 익은 커피 열매는 붉은색만 있는 것이 아니다. 아라비카의 돌연변이 종인 옐로 버번Yellow Bourbon은 독특하게 황금색을 띠는데, 마치 노란색 포도송이를 연상시킨다.

커피나무가 100년 정도 산다고는 하지만 재배하는 커피나무의 수령은 20~25년 정도다. 땅에 뿌리를 내린 후 17~22년 동안 커피를 수확할 수 있으니 일생 동안 약 20kg, 쌀 한 포대 정도의 생두를 생산하는 셈이다. 이는 진한 커피를 매일 서너 잔씩 마시는 커피애호가라면 1년치에 해당하는 양이다. 성인이 되어 처음 커피를 마신다고 가정하면, 한 사람이 평생 커피를 즐기는 데 필요한 커피나무는 50그루 정도다. 에스프레소 솔로를 추출하는 데 필요한 원두는 8g 정도이며 이때 원두의 수를 헤아리면 50개 내외다. 생두를 볶으면 한 잔의 맛있는 커피가 되고, 땅에 떨어져 뿌리를 내리면 한 사람의 일생을 책임지는 커피나무가 되는 것이다.

GREEN BEAN 4

칼디부터 하워드 슐츠까지

커피의 기원과 발견에 대해서는 여전히 옥신각신 말이 많다. 그 가운데 가장 드라마틱하고 전설적인 이야기는 7세기경 염소를 치던 목동 칼디Kaldi의 커피 발견설이다. 20세기 이후 커피에 관한 가장 정통한 책인 윌리엄 유커스William Ukers의 《커피에 관한 모든 것All About Coffee》에도 칼디가 등장한다. 어느 날 커피 열매를 먹은 염소가 밤에 흥분해서 이리저리 날뛰는 모습을 눈여겨본 칼디가 커피를 세상에 알렸다는 것이다. 약 5천 년 전 중국 한의학의 아버지이자 농사의 신이었던 신농神農이 독초 때문에 정신을 잃었다가 바람에 날린 찻잎을 씹고 의식을 찾았다는 차의 발견에 관한 전설에 비견된다.

1400년 전에는 어떻게 커피를 즐겼을까. 대개 열매를 씹어 먹거나, 오랫동안 달여 탕약처럼 마셨을 것이다. 인류가 날고기를 먹다가 우연히 불에 탄 고기를 맛본 후 식습관이 바뀌었던 것처럼, 커피 열매가 불에 탔을 때 나는 고소한 향기에 매료돼 커피를 볶아 먹었을 것으로 추측한다. 13세기 예멘에서 전염병이 창궐했을 때 승려 셰이크 오마르Sheik Omar가 커피 열매를 달여 마시게 해 전염병을 치료했다는 기록이 있다. 이때까지만 해도 커피는 일반인에게는 병을 치료하는 약으로 쓰였고, 승려 등 수행자에게는 정신을 맑게 하는 도구였던 것이다.

북아프리카와 중동에 머물던 커피가 세계로 퍼질 수 있었던 단초는, 16세기 인도 마이소르 지방의 승려였던 바바 부단Baba Budan이 제공했다. 수피교도면서 이슬람, 힌두교 승려였던 그는 메카 순례를 마치고 예멘 모카항에 며칠 머물게 된다. 일찍이 커피의 효능에 대해 몸소 체험했던 그였기에, 인도에도 이 귀한 것을 전하고자 생두 일곱 알을 품에 안고 귀환에 성공한다. 당시 커피 산지에서는 생두의 반출을 엄격하게 금지했기에 무사 귀환과 귀한 생두의 의미를 더하기 위해 일곱 알을 훔쳤다고 전해진다. 이슬람에서 일곱은 성스러운 숫자다. 이렇게 인도의 커피가 시작되었다. 17세기경 네덜란드는 인도에서 커피가 자란다는 소식을 접한다. 동인도회사를 통해 커피 묘목을 구했고 왕립식물원에 이식하고 재배에 성공해, 18세기 초 세계 최초의 식민지 커피 농장이 인도네시아 자바섬에 조성된다.

16세기 말까지만 해도, 유럽에서 커피는 이교도의 음료로 터부시됐다. 사람들은 지하 시장을 통해 은밀하게 커피를 거래했고 숨 죽여 커피를 마셨다. 당시 교황청 사제들은 클레멘스 8세 교황에게 커피를 이슬람의 산물로 지정해 줄 것을 요청했다. 그러나 클레멘스 8세는 커피의 맛에 반해 세례를 줬으며 커피를 공인했다는 것이 지금까지 전해지는 이야기다. 그러나 그 이면에는 공사 시작 후 백여 년 만에 완공된 성 베드로 대성당(1590년)이 있다. 막대한 건축비 지출로 어려워진 재정을 타개하기 위해 커피를 공인해 세금을 거두려 했던 것은 아니었을까 하는 추측이다.

중남미에는 커피의 아버지가 있다. 그의 이름은 가브리엘 드 클리외Gabriel de Clieu로 프랑스 해군 장교다. 그는 1723년 왕립식물원에서 커피 묘목 한 그루를 훔친 후 카리브해의 작은 섬 마르티니크로 향한다. 배를 집어삼킬 듯한 폭풍우를 수차례 이겨내고, 해적을 만나 죽을 뻔하고, 마실 물조차 부족한 배에서, 커피 묘목을 지켜내는 것은 쉬운 일이 아니었다. 커피 신께서 도우셨는지 그는 무사히 마르티니크에 도착했다. 무장한 병사들로 하여금 커피 묘목을 지키게 하고, 정성껏 커피나무를 키운 덕에 그로부터 50여 년 후 한 그루의 커피나무는 약 1,800만 그루로 성장한다. 왜 그는 본국에서 커피나무를 훔쳐 식민지인 마르티니크 섬에 이식을 감행한 것일까. 커피에 대한 애정 때문이었을까.

클리외 장교가 훔친 커피 묘목은 루이 14세가 숨지기 1년 전인 1714년, 암스테르담 시장에게 받은 것이었다. 여기서 몇 가지를 추측해 볼 수 있다. 그는 정부에 공식적으로 커피 묘목을 요청

했지만 왕의 소유였기에 거절당했다. 혹은 처음부터 안 될 것을 알았기에 커피 묘목을 훔쳤다. 묘목을 훔치고도 무사히 배에 오르고, 프랑스 식민지에서 키울 수 있었던 것은 정부의 묵인이 있지 않았을까. 남미의 커피 아버지는 커피가 차茶처럼 큰돈이 될 것이라는 것쯤은 예상했을 것이다. 그를 선한 커피 선구자로만 볼 수 없는 이유다.

지금은 에스프레소머신과 전동 그라인더 덕분에, 1분이면 즉석에서 커피 한잔을 뚝딱 만들어낸다. 하지만 19세기까지만 해도 꿈도 못 꿀 일이었다. 한꺼번에 많은 손님이 몰리면 카페 직원들은 어쩔 줄 몰랐다. 이것을 눈여겨보고 문제를 해결한 인물이 있었으니, 바로 이탈리아의 발명가 안젤로 모리온도Angelo Moriondo다. 다만 그의 기계는 고온·고압으로 빠르게 커피를 추출하는 지금의 에스프레소머신과는 달리, 한번에 많은 양의 커피를 제조할 수 있는 것이었다. 그는 1884년 토리노 엑스포에 제품을 출품했고, 이는 세계 최초 에스프레소머신의 등장을 알리는 신호탄이었다.

알맞게 잘 볶은 신선한 원두를 분쇄해 추출하는 커피는 어지간해서는 다 맛있다. 그러나 이것이 여간 번거로운 일이 아니다. 20세기 초, 이를 단번에 해결한 인물이 등장했다. 일본계 미국인 화학자, 가토 사토리Kato Satori가 그 주인공이다. 1901년 뉴욕에서 열린 범미국박람회에서 물에 녹는 솔루블Soluble 커피를 선보였는데, 끓인 커피를 건조해 가루로 만든 것이었다. 안타깝게도 그는 시제품을 생산하지 못했고 특허도 내지 않았다. '재주는 곰이 부리고 돈은 왕서방이 받는다'고 했던가. 미국 독립의 아버지와 이름이 같은 조지 워싱턴George Washington은 낮은 온도에서 수분을 증발시키는 방식으로 만든 인스턴트커피 특허를 냈다. 1910년 시제품을 내고 사업화에 성공해 큰돈을 벌었다.

종이 필터와 구멍 뚫린 드리퍼로 커피를 추출하는 핸드드립을 고안한 사람은 누구일까. 넬(헝겊) 필터의 세척과 관리의 불편함을 고민하던 한 여성이 기발한 아이디어를 내놓는다. 아들의 학교 연습장의 압지와 놋쇠 냄비에 구멍을 뚫어 커피를 추출하는 방식이었다. 잉크를 흡수하는 성질을 가진 압지에 분쇄한 원두를 담고, 그 위에 물을 부으면 추출된 커피가 압지를 통과해 냄비의 구멍으로 흐르는 원리다. 평범한 가정주부였던 멜리타 벤츠Melitta Bentz는 1908년 독일에서 특허를 내고, 이듬해부터 시제품을 판매해 큰 성공을 거두었다. 지금은 그의 손자들이 회사를 운영하고 있다.

현재 가장 성공한 커피 기업은 어디일까. 여러 가지 논란으로 입에 오르내리지만 부정할 수 없이 스타벅스다. 그 중심에는 1987년 여섯 개 매장을 가진 스타벅스를 인수한 후, 세계 최대의 커피 기업으로 일군 하워드 슐츠Howard Schultz가 있다. 1953년 뉴욕 브루클린 빈민가에서 태어나 불우한 유소년 시절을 보낸 그는 대학 졸업 후 제록스에서 퍼스토프로 자리를 옮긴 다음, 스타벅스에 커피 기계를 납품하면서 인연을 맺었다. 29세에 스타벅스의 유통 및 마케팅 부서장으로 이직을 하고, 3년 후 스타벅스를 떠나 이탈리아 전통 에스프레소와 카페 분위기를 경험하는 '일 지오날레Il Giornale'를 창업했다. 2년 후 스타벅스를 인수하고 "커피와 함께 경험과 공간을 판다"는 전략을 내세웠는데, 말 그대로 대박이 났다. 1991년 뉴욕 나스닥에 상장되었고 미국뿐만 아니라 전 세계적으로 큰 성공을 거두었다. 2020년 현재 스타벅스는 우리나라를 비롯해 70개국에서 31,000여 개의 매장을 운영하고 있으며, 연간 약 235억 달러의 매출을 올리는 세계 최대의 다국적 커피 전문점이다.

GREEN BEAN 5

커피 시즌에 벌어지는 일

현재 50여 개의 나라에서 커피나무를 재배하고 있다. 커피 시즌은 커피 체리를 수확하는 시기로 보통은 1년에 한 번이지만 기후에 따라 두 번을 하기도 한다. 우기가 두 번인 케냐와 콜롬비아의 경우 1년에 두 번 수확할 수 있다. 주수확기에 거두는 생두를 메인크롭Main Crop, 부수확기에 거두는 것을 서브크롭Serve Crop이라 한다. 같은 지역에서 생산된 생두일지라도 메인크롭이 서브크롭보다 향미가 좋고 상품성이 높아 상대적으로 비싸게 거래된다.

규모가 제법 큰 커피 농장에는 노동자와 부양가족 들을 위한 숙소는 물론이고 초등학교까지 있다. 그도 그럴 것이 대개 커피 농장은 도심으로부터 짧게는 차로 2~3시간, 길게는 10시간 걸리는 곳에 위치해 있어서다. 노동자는 크게 상근직과 임시직으로 나뉜다. 상근직은 1년 내내 커피 농장에서 생활하면서 농장을 관리

▲ 커피 농장 내 숙소 ▼ 커피 농장 내 학교

하는 직원이다. 임시직은 커피 체리를 수확하는 시즌에만 일하는 일당직이다. 보통 3~4개월 동안 수확하기 때문에 임시직이라도 그 기간 동안은 농장에서 생활하면서 일을 한다. 농장 주변에 사는 사람들은 출퇴근을 하면서 수확을 돕기도 한다.

대개 커피를 생산하는 나라는 농업을 기반으로 하는 저개발국가인 반면, 소비하는 나라는 개발도상국이나 선진국이다. 여기서 두 가지 문제가 발생한다. 커피 한 잔의 가격에 비해 커피 산지에 지불하는 생두의 가격이 과연 적정한가와 농장 노동자의 임금이 너무 낮지 않느냐다.

커머셜 생두의 가격은 시카고상품거래소Chicago Mercantile Exchange, 스페셜티는 COE(Cup of Exellence)나 크고 작은 커피 옥션에서 결정된다. 즉, 생두 가격은 시장의 수요와 공급에 의해 철저하게 결정된다. 가격 하락으로 인한 커피 농장의 피해는 안타까운 면이 있으나 가격의 적정성을 논하는 것 자체가 무의미한 것이다.

노동자의 임금은 어떠한가. 절대적으로 얼마인가를 따지기 전에 그 나라 1인당 GDP 대비 임금으로 평가해야 한다. 간혹 언론에서는 커피 노동자의 하루 임금이 미화로 1달러밖에 안 된다는 등 자극적인 기사를 내보낸다. 아프리카 일부 국가를 제외하고 1달러를 받는 곳은 거의 없다. 실제 커피 농장 임금은 다른 산업이 비해 낮지 않다. 커피 시즌이 되면, 노동자들이 각처에서 몰려드는 것만 봐도 알 수 있다. 예를 들어 케냐 커피 농장 노동자의 하루 일당이 5달러라고 가정해 보자. 일당이 우리나라 근로자의 시급도 안 된다며 흥분하지 말자. 2019년 기준 케냐의 1인당 GDP는 1,816달러로 우리나라 31,838달러의 약 15분의 1 수준이다. 현지 사람들의 소득과 물가수준 등을 감안하면 그들의 5달러는 우리가 생각하는 5달러와 가치가 다르다.

가장 큰 문제는 만 13세 미만 아동의 노동이다. 만 13~15세까지는 친권자 등의 동의를 받으면 일정 시간 노동이 가능하다. 하지만 만 13세 미만 아동의 노동은 법으로 금지하고 있다. 커피 시즌에 농장에 가면 초등학생 정도로 보이는 깡마른 아이들이 고사리손으로 체리를 따고 나르는 모습을 볼 수 있다. 보기에도 안쓰럽다. 동행한 가이드에게 물으니 부모가 없거나 가정 형편이 어려워 어쩔 수 없이 일을 하는 것이라고 했다. 만약 그들이 노동을 하지 않으면 쫄쫄 굶거나 구걸을 할 수밖에 없다고 하니 보는 내내 마음이 편치 않았다. 이런 일은 그 나라 정부에서 나서서 도와야 하지만 앞서 언급한대로 커피 산지가 대부분 저개발국가여서 생각만큼 쉬운 일이 아니다.

GREEN BEAN 6

열매를 수확하는 방법

커피 체리를 수확하는 방법은 크게 따내기Picking와 훑기Stripping가 있다. 훑기는 기계 사용 유무와 어떤 기계를 사용하느냐에 따라 다시 세 가지로 나뉜다. 손으로 훑기, 휴대용 커피 수확기로 훑기, 기계식 커피 수확기Mechanical Coffee Harvester로 훑기가 그것이다.

잘 익은 커피 체리만을 수확하는 가장 이상적인 방법은 손만을 사용하는 따내기다. 다만 몇 가지 조건을 충족해야 가능하고 효과적이다. 첫째, 농장의 규모가 작아야 한다. 둘째, 인건비가 저렴한 곳이어야 한다. 셋째, 기계를 사용할 수 없는, 고도가 높고 가파른 산사면에 위치한 농장이어야 한다. 실제로 따내기를 하는 곳은 위의 세 조건을 만족하거나 프리미엄급 이상의 값비싼 커피를 생산하는 농장이다.

우리나라 농가의 일당은 정한 시간 동안 일을 하면 차등 없이 급여가 지급된다. 이 방법은 관리감독이 용이하고, 인부들이 성실하게 일을 한다는 전제에서 가능하다. 반면 따내기 일당은 수확량과 얼마나 잘 익은 생두를 선별했느냐에 따라 결정된다. 그래서 수확량의 무게를 늘리기 위해 작은 돌, 못, 나뭇가지 등 이물질을 넣기도 한다. 설마 그럴까 싶겠지만, 농장에서 직수입한 80kg 포대에는 종종 눈을 의심하게 하는 결점두가 발견되고는 한다.

농장이 일정 규모 이상이면 따내기보다 훑기로 수확하는 것이 효율적이다. 앞서 언급한대로, 훑기는 사람 손으로 하거나 휴대용 기계, 그리고 대형 수확기로 한다. 따내기로 감당이 안 되는 경우 손 훑기를 한다. 다만 미성숙한 것, 벌레 먹은 것, 병든 것 등 결점두까지 포함될 수 있다는 단점이 있다. 그래도 손으로 하는 것이라 기계보다는 양질의 생두를 수확할 수 있다. 역시 임금은 수확량에 비례한다.

포르투칼어로 수확기란 의미의 데리카데이라스[Derricadeiras]는 긴 막대 형태의 휴대용 커피 수확기로 앞면에는 사람 손가락 모양의 장치가 달려 있다. 기계를 커피나무 가지 사이에 넣고 작동시

휴대용 커피 수확기

▲ 잘 익은 커피 체리를 따내기하는 농부와 필자.

키면 두 개의 손이 진동하면서 체리가 아래로 떨어지는 방식으로, 커피나무 밑에 넓은 천막을 깔고 사용한다. 지형이 평평하지 않아 대형 수확기를 사용할 수 없는 농장에서 주로 사용하며, 휴대가 간편하고 사용법도 쉬우며, 기계값도 미화 300달러로 비싸지 않기에 인기가 높다.

지면이 고른 여의도 면적 이상의 대단위 커피 농장은 경비행기나 헬기로 농약을 치고, 기계식 커피 수확기가 동원된다. 기계 안으로 들어간 가지를 흔들어 커피 체리를 떨어뜨리고 차량에 내장된 저장탱크로 이송되는 구조다. 수확 과정에 사람의 손길은 거의 개입되지 않으며, 수확기 운전만 잘하면 그만이다. 따내기나 여타의 훑기에 비해 비교가 안 될 정도로 효율적이다.

단점이라면 사람이 보지 않고 기계로 훑어서 다른 수확법에 비해 결점두의 양이 많다는 것이다. 브라질처럼 땅이 넓고 지형이 고른 곳에서 사용하며, 석발기나 자동화된 생두 선별기로 결점두를 걸러낸다. 다만 기계식 커피 수확기는 가격이 4만 달러 이상이라 부담이 될 수 있다.

기계식 커피 수확기

GREEN BEAN 7

전 세계 커피 생산량과 추이

우리나라 사람들의 커피 사랑은 전 세계에서도 독보적이다. 프랜차이즈 카페에서 원두커피를 마시기 이전에도, 우리의 삶 곳곳에 커피가 있었다. 대학교 도서관과 학생회관 등에는 커피자판기가 있었고, 집과 사무실에는 뜨거운 물만 있으면 즐길 수 있는 인스턴트커피가 있었다. 2018년 말 기준으로 우리나라에서 한 해 수입하는 커피의 양은 약 1억5천만 kg이다. 커피 1잔을 만드는데 필요한 양이 8g이라고 가정하면, 전체 국민 약 5,178만 명이 연간 361잔을 마실 수 있는 어마어마한 양이다.

국제커피기구 ICO(International Coffee Organization) 자료에 따르면 2018~2019년 봄 수확 기준으로 전 세계 커피 생산량은 약 95억 kg에 이른다. 커피를 재배하는 50여 개 나라 가운데 부동의 1위는 브라질로 30억6천만 kg을 생산하며, 전체 생산량의 약 32%에 해당한다. 한때 브라질은 전 세계 커피의 45%까지 생산하

2018-2019년 봄 수확 기준 전 세계 커피 생산량

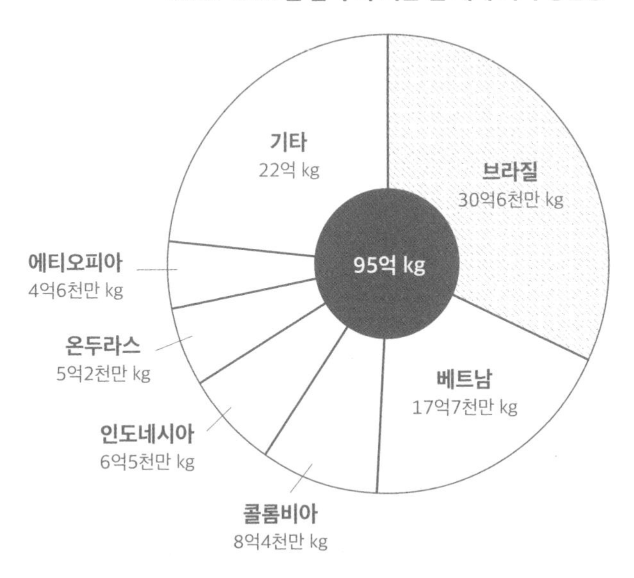

기도 했다. 브라질의 뒤를 이어 베트남, 콜롬비아, 인도네시아, 온두라스, 에티오피아 순이다. 이들 여섯 개 나라가 전체 생산량의 약 75%를 차지한다.

여기서 눈여겨볼 나라는 온두라스다. 지리적으로는 중앙아메리카의 과테말라와 니카라과 사이에 위치해 있다. 인구는 우리나라와 비슷한 11만 ㎢의 면적에, 약 800만 명이 살고 있다. 국토의 70~80%가 고지대 산악 지형이나, 토양이 커피 재배에 적합한 화산재 성분이다. 고도에 따라 SHG(Strictly High Grown, 1,500~2,000m), HG(High Grown, 1,000~1,500m), CS(Central Standard, 900~1,000m) 3등급의 커피를 생산하며 우리나라는 가장 품질이 좋은 SHG급을 주로 수입한다. 온두라스 커피는 해마다 국제적으로 열리는 커피 품평회에 생두를 출품해 좋은 성적을 거두고 있다. 국가에서 나서서 커피의 품질 관리뿐만 아니라 농가의 이익 증대를 위해 노력한 덕분이다. 커피의 절대적인 생산량은 물론이고, 질적인 측면에서도 다른 커피 산지에 비해 모범적인 나라로 평가받는 이유다.

커피 생산량에 영향을 주는 요인은 크게 엘니뇨el Niño와 라니냐la Niña로 대표되는 이상기후, 커피 녹병Coffee Leaf Rust과 커피 베리 보러Coffee Berry Borer 같은 병충해다. 그런데 최근 한 가지가 더 늘었다. 인간 사이에 퍼지는 전염병, 코로나19 바이러스 팬데믹으로 인해 생두 수급에 차질을 빚고 있는 것이다. 커피 산지의 기후와 병충해는 예년과 별반 다르지 않으나, 농장 관리와 수확에 필요한 노동력 확보가 어려워서 문제가 발생했다. 또한 물류가 막히면서 제때 생두를 배에 선적하지 못하고 있으니 안타까운 일이다.

커피를 가장 많이 소비하는 국가는 어디일까? 단연 3억3천만 명의 강력한 커피 소비층을 가진 미국이다. 유럽연합을 제외한 단일 국가로는 최대인 15억7천만 kg을 소비하고 있다. 이것은 일본, 러시아, 캐나다, 한국, 알제리, 호주의 양을 합한 13억7천만 kg보다 많은 양으로 미국의 경제력을 실감할 수 있는 부분이다.

그렇다면 1인당 커피 소비량이 가장 많은 나라는 어디일까? 최근 ICO의 발표에 따르면, 핀란드가 1인당 연간 12.5kg을 소비해 1위에 올랐다. 에스프레소 솔로로 환산하면 연간 1,562잔에 해당되며 매일 약 4.3잔의 커피를 즐기는 셈이다.

국가별 커피 소비량

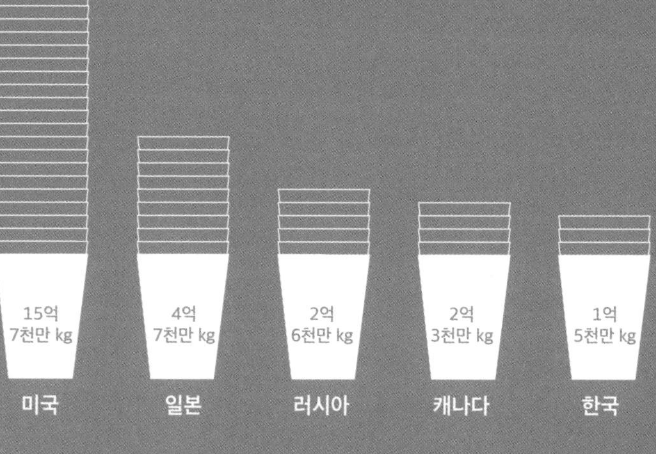

출처:국제커피협회 2017년 10월~2018년 9월

1인당 커피 소비량

GREEN BEAN 8

19세기 커피 녹병이 커피 역사에 끼친 영향

커피 잎 뒷면에 뽀얗게 내려앉은 노란색 가루를 본 적 있는가. 잎사귀 뒷면을 손으로 닦아내면 곰팡이 균사처럼 보이는 것이 손에 묻어난다. 커피나무 에이즈, 커피나무 흑사병으로 불리는 커피 녹병이다. 왜 생기는지도 모르고 치료법도 딱히 없어 커피에게는 정말 암적인 존재다. 한번 커피 농장에 퍼지면 생산량이 30~70%까지 감소한다. 한 해 커피 농사는 끝났다고 봐도 과언이 아니다.

커피 녹병은 헤밀리아[Hemileia]라는 곰팡이성 병원균이 원인인데 로부스타보다 아라비카가 쉽게 감염된다. 지금은 커피나무의 90% 이상이 로부스타이지만, 19세기 말에만 해도 아라비카가 주종이었다. 그 당시, 지금은 스리랑카로 독립한 영국 식민지 실론에 큰 재앙이 닥쳤다. 그 당시만 해도 섬 전체에는 커피나무가 천지였지만 커피 녹병이 창궐하면서 섬 전체의 커피나무가 거의 고사했다. 더 이상 커피나무가 자랄 수 없어 병든 나무를 다 갈아엎었다. 대신 그 자리에 차나무를 심었고, 지금은 세계 최고의 홍차Black Tea 산지가 되었다.

실론을 초토화시킨 커피 녹병은 해풍과 배의 짐에 묻어 인도네시아 자바섬에 도착했다. 18세기 초 자바섬에 뿌리를 내린 아라비카커피나무의 종말을 고하는 대사건이었다. 더 이상 동쪽으로 갈 수 없었던 곰팡이균은 새로운 숙주를 찾아 북으로 향했다. 세계 제2의 커피산지 베트남이었다. 결과는 참혹했다. 농장을 덮친 이 몹쓸 병은 말 그대로 쑥대밭을 만들고 사라졌다.

커피 농장의 농부뿐만 아니라 인도네시아와 베트남을 식민지로 뒀던 네덜란드와 프랑스에도 비상이 걸렸다. 궁하면 통한다고 했던가. 벨기에의 식물학자인 에밀 로랑Emile Laurent이 이전과는 완전히 다른, 신종 커피나무를 콩고민주공화국(이하 콩고)에서 발견했다는 소식을 접한다. 그 후 벨기에는 1879년부터 1960년까지 무려 80년간 콩고를 잔혹하게 식민 통치한다. 벨기에처럼 커피를 포기할 수 없었던 네덜란드와 프랑스는 식민지 인도네시아와 베트남에 새로운 커피나무를 이식하기 시작했다.

아라비카에 비해 병충해에 잘 견디고 수확량도 많았던 새로운 커피나무에는 강하다는 의미의 '로부스타'라는 이름이 붙여졌다. 장점만 있는 것은 아니었다. 아라비카에 비해 쓴맛이 강했고, 향 또한 좋지 못했다.

커피나무의 종말을 이야기할 때, 자주 언급되는 것이 바나나의 종말이다. 지금 우리가 즐겨 먹는 캐번디시 바나나는 1950년대까지만 해도 세상에 없던 것이었다. 지금의 것보다 더 작고 통통했으며 더 달콤했던 그로 미셸 바나나가 파나마병Panama Disease으로 전멸하면서 병충해에 강한 지금의 바나나로 대체된 것이다.

지금도 중남미를 중심으로 매년 커피 녹병의 피해가 보고된다. 주로 수확기에 발생하는데, 딱히 손을 쓸 방법은 없다. 병해에 강하도록 품종개량을 하지만 이에 맞서 원인균도 진화하면서 더 강해진다. 세계 최대의 커피 산지인 브라질에 비해 중남미가 커피 녹병에 더 취약하다. 여러 요인이 있지만, 좁은 지역에 커피나무를 촘촘하게 심는 것을 주요 원인으로 꼽는다. 밀집도가 높고 품종이 단일할수록 병충해에 취약하기 때문이다. 한 세기 반 전의 사건이 반복되지 말라는 보장은 없다. 후세들도 커피 한잔의 기쁨과 여유를 누릴 수 있도록, 기후변화에 예의 주시하고 병충해 예방에 힘써야 하겠다.

▲ 커피 녹병에 걸린 커피 잎사귀
▼ 커피 베리병에 걸린 커피 체리

GREEN BEAN 9

체리, 생두가 되다

흔히 과육을 먹는 것은 종자로 쓸 것을 제외하고는 씨는 쓸모가 없어 버린다. 반대로 씨를 먹는 것은 퇴비로 쓰지 않는 한 과육은 쓸모 없어 쓰레기장으로 향한다. 전자에 해당하는 것이 사과와 배라면, 후자의 대표적인 작물은 커피 체리다. 과육이 맛이 없어 동물들로부터 자신을 지킬 수 있으니 이 또한 축복이라 하겠다. 커피 체리를 삶아서 마실 게 아니라면 과육에서 씨를 발라내야 한다. 그 씨를 볶고 분쇄해 추출하면 비로소 커피가 된다. 커피 체리를 생두로 만드는 일련의 과정을 정제Processing라고 한다. 커피 체리의 구조는 외과피Skin, 과육Pulp, 점액질Pectin Layer, 내과피, 은피, 생두Green Bean 순서로 되어 있다. 정제는 과육을 벗기는 펄핑Pulping, 내과피를 제거하는 훌링Hulling, 은피를 떼는 폴리싱Polishing을 포괄한다. 정제법은 품종과 산지의 환경에 따라 크게 건식법Dry Method과 습식법Wet Method으로 나뉜다.

커피 체리 단면도

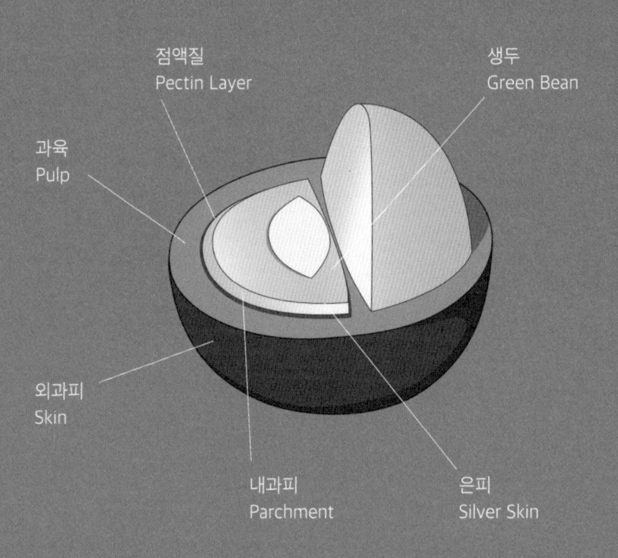

커피 체리 정제 과정

과육을 제거하면 점액질로 뒤덮인 내과피가 드러난다. 종자씨로 쓸 게 아니라면, 딱딱한 껍질을 제거해야만 상품가치가 있는 생두가 된다. 이를 훌링 또는 탈각이라고 한다. 이때 탈각기Huller를 쓰는데, 수확한 벼에서 왕겨를 벗기는 도정기와 모양과 원리가 유사하다. 건식법으로 정제된 것보다 습식법으로 정제된 것이 내과피를 벗기기가 훨씬 어렵다. 훌러는 크게 마찰을 이용하는 프릭션 훌러Friction Huller와 충격을 이용하는 임팩트 훌러Impact Huller가 있다. 일반적으로 프릭션 훌러를 많이 사용한다. 건식법과 습식법으로 정제된 내과피를 탈각할 때 사용할 수 있다.

탈각이 끝나면, 마지막으로 은피를 제거하는 폴리싱을 한다. 최상급 생두를 언급할 때 은피를 얼마나 잘 제거했느냐가 판단의 지표가 되기도 한다. 폴리싱 머신Polishing Machine은 생두 간의 마찰을 이용해 은피를 제거한다. 완벽하게 벗겨내는 것은 거의 불가능하며, 그럴 필요도 없다. 로스팅을 할 때 생두 표면에 붙은 은피가 대부분 떨어져 나가기 때문이다. 다만 붙어서 타버리는 경우, 풋내와 탄 맛 등 커피 향미에 나쁜 영향을 줄 수 있어 로스팅할 때 유의해야 한다.

정제가 끝난 생두는 크기와 비중에 따라 분류하고 등급을 매긴다. 대개 크기가 클수록 상품성이 높다. 다만 작은 생두라도 비중이 높으면 후한 등급을 받기도 한다. 이때 이물질을 포함해 상태가 좋지 않은 결점두 역시 걸러낸다. 소규모 농장에서는 사람의

▲ 내과피(파치먼트)
— 생두를 분류하는 농장 직원
▼ 소형 커피 훌러

눈과 손에 의지해 생두를 분류하고, 규모와 자본력이 있는 농장은 기계를 이용한다. 크기는 스크린 사이즈Screen Size(10~20)라는 단위를 사용하는데, 1SC는 1/64인치=약 0.4mm다. 콜롬비아와 케냐에서 주로 이용한다. 커머셜 생두의 경우, 콜롬비아에서는 17SC 이상인 것을 모아 수프리모라 하고 14~16SC인 것은 엑셀소라 한다. 그 이하의 크기는 수출하지 않고 국내에서 소비되거나 인스턴트커피 원료로 쓰인다. 케냐에서는 E, AA, AB 등으로 등급을 나눈다. 19SC 이상인 것은 E(Elephant Bean), 18SC인 것을 AA라고 한다. 우리나라에는 주로 AA, AB등급의 생두가 수입된다.

생두의 등급을 매기는 방법에는 여러 가지가 있다. 물을 채운 수조에 생두를 넣고 물에 뜨는 것과 가라앉는 것을 분류해 등급을 매긴다. 강력한 팬의 바람을 이용해 날아가는 것과 그렇지 않은 것을 분류하기도 한다. 최근에는 레이저 빔을 생두에 비춰 자동으로 결점두를 골라내고 생두의 등급을 매기는 등 기술이 날로 발전해 많은 양의 생두를 짧은 시간에 처리할 수 있게 되었다.

GREEN BEAN 10

건식법 vs 습식법

건식법의 다른 별칭은 내추럴Natural이다. 단어가 주는 느낌 그대로, 가장 원초적이고 공정이 단순하며 비용이 적게 든다. 물은 부족하나 넓은 평지가 있는 산지에서 로부스타를 정제할 때 주로 사용한다. 특히 에티오피아와 브라질 지역에서 선호하는 방식이다.

수확한 커피 체리를 평평한 바닥에 널어 건조하는데 지면은 물기가 없는 콘크리트나 블록, 방수 천막이어야 한다. 밤이 되면 온도가 내려가 새벽이슬을 맞을 수 있기 때문에 꼭 천막을 덮어준다. 비를 맞으면 치명적이므로 일기의 변화에 주의해야 한다.

커피 체리의 수분 함량은 약 12%가 가장 이상적이며 자연 건조 시 한 달 정도 소요된다. 대개 수분 함량이 12% 정도가 되면 건조한 체리를 흔들었을 때 안에서 딸그락거리는 소리가 나기 때문에 건조가 끝나는 시점을 가늠할 수 있다. 만약 수분 함량이 12%

를 과하게 초과하면 곰팡이가 번식할 수 있다. 또한 수분 함량이 10% 미만으로 많이 건조되면 훌링하기 어려우며, 결과적으로 양질의 생두를 얻기 어렵다.

건식법은 과육이 붙은 채로 커피 체리가 건조되기 때문에 생두에 과육의 향과 맛이 배어든다. 이로 인해 복합적이고 독특한 향미를 가지며 묵직한 바디감을 기대할 수 있다. 다만 깔끔한 후미가 부족하다는 단점이 있다.

습식법으로 처리한 생두를 마일드Mild라고 하며, 전통적으로 물이 많은 지형에 적합한 정제법이다. 건식법에 비해 과정이 복잡하고 시설을 갖추는 데 비용이 많이 들지만 양질의 생두를 얻을 수 있다. 주로 아라비카를 정제할 때 많이 사용한다. 과테말라와 콜롬비아 등 중남미와 에티오피아와 탄자니아 등 일부 아프리카 국가에서 볼 수 있다.

물이 가득 담긴 커다란 수조에 커피 체리를 넣으면 이물질, 마르거나 잘 여물지 않은 커피 체리가 물 위로 뜨는데 이것들을 일차로 걷어낸다. 물 아래에 가라앉은 것은 물이 흐르는 수로를 따라 이동하다가 과육제거기Pulping Machine에서 껍질과 과육이 제거되어 내과피 상태가 된다. 점액질로 덮인 내과피는 수로를 따라 발효 수조Fermentation Tank로 옮겨지는데 이때 물에 뜨는 비중이 낮은 내과피를 다시 제거한다. 양질의 내과피를 발효 수조에서 20시간 정도를 저장하면 자체 발효로 점액질이 벗겨진다. 이것을 깨

◀ 건식법
▶ 건식법으로 정제 중인 단계별 체리와 생두

▲ 습식법
▼ 습식법으로 정제 중인 체리

끗한 물로 씻어내면 모든 과정이 끝난다.

습식법은 건식법과는 달리 물을 사용하고 발효 과정을 거치기 때문에 수조와 수로의 청결에 유의해야 한다. 작업이 끝나고 나서 한 톨의 생두나 내과피도 빠짐없이 제거해야 다음 작업 때 양질의 결과물을 얻을 수 있다. 공정이 복잡한 대신 생두의 상태가 좋고 균질하며 깔끔한 맛과 산미가 좋은 커피를 얻을 수 있다.

일각에서는 습식법이 정제 과정 중 물을 과도하게 사용하고 커피 부산물이 환경오염을 유발한다는 우려의 목소리가 있다. 현재 물을 재활용하는 기술이 개발돼 꽤 많은 농장에서 적용 중이다. 또한 커피 부산물을 건조하고 발효시킨 후 퇴비로 만들어 사용하는 등 환경문제 해결을 위해 노력하고 있다.

GREEN BEAN 11

그 외 정제법

건식법의 묵직한 바디감, 습식법의 산뜻한 산미와 깔끔한 뒷맛을 동시에 만족시킬 수는 없을까? 습식법은 과육을 제거한 후 점액질을 수조에서 발효시키기 때문에 시간이 많이 걸리고 물의 소비도 많다는 게 단점이다. 아이러니하게도 이 문제는 2008년 1월 코스타리카에 리히터 규모 6.1의 강진이 발생하면서 해결됐다.

커피 농장 역시 지진으로 관개시설이 파괴되면서 물 부족 문제에 봉착했다. 라스 라하스 정제소의 오스카와 프란시스카 차콘이 물을 적게 쓰면서 습식법의 장점을 살릴 수 있는 새로운 정제법, 반습식법Semi-Washed을 고안했다. 펄프를 제거하는 것은 습식법과 유사하고, 점액질을 일부 남겨놓은 상태에서 내과피를 건조하는 것은 건식법을 차용했다.

끈끈한 점액질이 꿀을 연상시키고 결과물 또한 달콤한 커피 맛을 느낄 수 있다고 해서 허니 프로세스Honey Process라고 한다. 점액질을 얼마나 남기느냐에 따라 네 가지로 나뉜다.

화이트 허니White Honey는 점액질의 거의 대부분을 제거하고 10%만 남겨놓고 건조하는 경우다. 점액질이 얇기 때문에 내과피가 하얗게 보인다 하여 화이트라는 이름이 붙여졌다. 옐로 허니Yellow Honey는 점액질의 대부분을 제거하고 20~30%만 남긴 상태에서 건조한다. 점액질에 둘러싸인 내과피의 색깔이 노릇노릇해서 옐로라 한다. 레드 허니Red Honey는 점액질의 절반 정도를 제거하고 건조한다. 내과피가 검붉은 색을 띤다고 해서 레드라 한다. 마지막으로 블랙 허니Black Honey는 점액질을 거의 제거하지 않고 80~90%의 점액질 상태에서 건조한다. 점액질의 수분은 날아가고 섬유 성분이 내과피에 눌어붙으면서 내과피가 검은색을 띠므로 블랙이라 한다.

점액질 제거 작업은 품질과 작업량 면에서 사람의 손보다는 기계가 효과적이다. 점액질의 양이 적은 상태에서 건조한 것일수록 깔끔한 맛이 매력적인 반면 바디감은 줄어든다. 반대로 점액질의 양이 가장 많은 상태에서 건조한 블랙 허니는 바디감이 뛰어나며 약하지만 산미 또한 기대할 수 있다.

반습식법이 있다면 반건조법도 있지 않을까. 과육만 제거하고 점액질 100% 상태로 내과피를 건조하면 어떨까. 이런 고민의 결과, 블랙 허니와 거의 유사한 개념의 정제법인 펄프드 내추럴

정제법 정리 도표

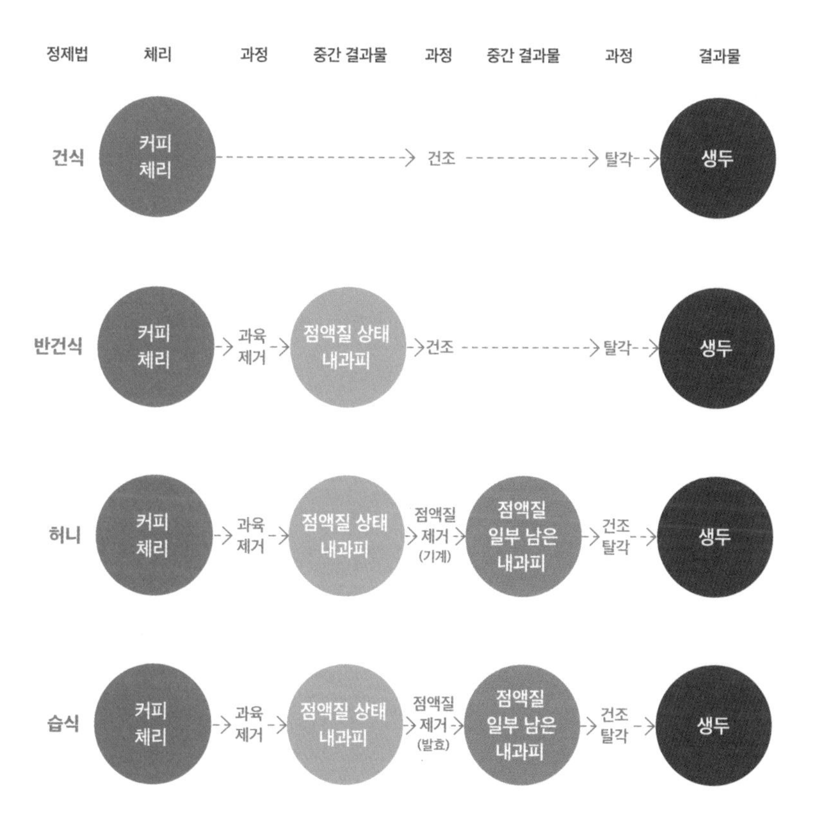

정제법
체리
과정
중간 결과물
과정
중간 결과물
과정
결과물
건식
커피 체리
건조
탈각
생두
반건식
커피 체리
과육 제거
점액질 상태 내과피
건조
탈각
생두
허니
커피 체리
과육 제거
점액질 상태 내과피
점액질 제거 (기계)
점액질 일부 남은 내과피
건조 탈각
생두
습식
커피 체리
과육 제거
점액질 상태 내과피
점액질 제거 (발효)
점액질 일부 남은 내과피
건조 탈각
생두

Pulped Natural, 즉 반건식법이 탄생했다. 건식법과 다른 점은 미성숙한 체리나 상한 체리를 걸러내 양질의 내과피를 기대할 수 있다는 것이다. 2000년대 들어 브라질에서 도입되었고 물이 부족한 커피 산지에서 효과적인 정제법이다.

반건식법은 반습식법의 블랙 허니와 거의 유사하다. 과육을 제거하고 점액질을 100% 남긴 것이 반건식법이고 과육을 제거하고 점액질을 80~90%를 남긴 게 반습식법 블랙 허니이기 때문이다. 그러나 출발점은 다르다. 반건식법은 펄프를 말려 탈각하는 것이 아니라 펄프를 제거한 후 탈각하는 것이므로 건식법에서 파생된 것이다. 반면에 반습식법은 점액질을 물에 불려 제거하지 않고 일정 부분 놔두고 건조한 후 탈각하는 것이므로 출발점이 습식법이다.

위에서 언급한 것 외에도 수마트라 정제법 등 다양한 정제법이 있다. 특히 소규모 커피 농장에서는 자신들이 처한 자연환경과 형편에 특화된 정제법을 적용하고 있으며 맛있는 커피 생산을 위해 오늘도 구슬땀을 흘리고 있다.

GREEN BEAN 12

디카페인 커피는 어떻게 만들까

커피의 주요 성분은 다당류, 지방, 단백질, 무기질, 클로로겐산, 타닌, 카페인 등이다. 커피 품종에 따라 함량에 유의한 차이가 있다. 여기서 주목해야 할 성분은 타닌과 카페인이다. 타닌은 커피의 쓴맛을 결정하는 것으로 아라비카보다 로부스타에 더 많다. 특히 카페인의 경우 아라비카는 1% 내외이며, 로부스타는 2% 내외로 두 배 가까이 차이가 난다.

카페인은 독일의 화학자 프리들리프 페르디난드 룽게Friedlieb Ferdinand Runge가 1819년 처음 발견한 후 독일어로 'Kaffein(영어 Caffeine)'이라고 명명하면서 지금의 이름을 갖게 됐다. 번역하면 '커피에 있는'이며, 커피에서만 볼 수 있는 독특한 화학물질이라는 것을 짐작할 수 있다. 카페인이 발견된지 200년이 지났지만, 여전히 그 순기능과 역기능에 대한 논란이 뜨겁다.

그 가운데 각성 효과는 양날의 칼과 같다. 적당량은 정신을 맑

식품별 카페인 함량

식품명	식품 분량	분량당 카페인 함량(mg)
원두커피	1잔	103
커피믹스	1잔	69
캔 커피	1캔(175ml)	74
녹차 티백	1잔	15
콜라	1캔(250ml)	23
마운틴듀, 닥터페퍼	1캔(350ml)	43~55
아이스티	250ml	27
코코아	200ml	4
초콜릿우유	1팩(200ml)	8
초콜릿	1조각(30g)	16

<출처: 식품의약품안전처>

게 해 개운한 느낌을 주지만, 너무 과다하게 섭취하거나 예민한 사람에게는 불면증을 유발한다. 보통 건강한 성인의 경우, 1일 카페인 허용치는 약 300mg이다. 에스프레소 솔로를 기준으로 커피 한 잔에는 약 70~100mg의 카페인이 들어 있다. 의사들이 하루 서너 잔의 커피는 괜찮다고 말하는 이유다. 다만 카페인의 반감기가 4시간 정도임을 감안하면 오후 4시 이후에는 커피를 마시지 않는 것이 숙면과 건강에 도움이 된다.

나는 하루에 에스프레소 도피오를 베이스로 두 잔의 커피를 즐긴다. 오전 8시경 첫 잔, 1시간 후에 다시 한 잔을 마신다. 오전 9시면 약 263~375mg의 카페인이 몸 안에 있는 셈이다. 오후 1시쯤에는 132~188mg, 오후 5시쯤에는 66~94mg, 밤 9시쯤에는 33~47mg 정도가 된다. 보통 밤 11시경에 잠이 드는데, 그때 몸 안에 남아 있는 카페인은 약 29~41mg이다. 자기 전 마운틴듀 한 잔(200ml)을 마신 정도의 양이다. 마운틴듀를 마시고 가슴이 뛰지 않는 사람이라면 깊은 잠에 드는데 거의 지장이 없는 양이다.

디카페인Decaffeine 커피는 카페인 부작용 때문에 커피를 멀리하는 사람들에게 구세주와 같은 존재다. 디카페인 커피를 상업적으로 해결한 사람은 독일의 커피 상인 루드비히 로젤리우스Ludwig Roselius다. 개발의 이면에는 아버지를 향한 효심이 있었다. 그는 아버지가 커피를 너무 많이 마셔 건강을 해치는 것이 걱정돼 1903년에 카페인을 제거하는 공정을 개발하고 1906년 특허를 냈다.

그의 이름을 딴 로젤리우스 공정Roselius Process은 생두를 염수용액으로 찐 다음 유기화합물 벤젠을 용매로 카페인을 제거하는 것이다. 그러나 요즘은 벤젠이 암을 유발하는 것으로 알려지면서 더 이상 사용하지 않는다.

현재 디카페인 커피를 만드는 방법은 크게 용매를 쓰는 공정Solvent Based Process과 용매를 쓰지 않는 공정Non-Solvent Based Process으로 나뉜다. 용매를 쓰는 공정은 다시 직접용매공정과 간접용매공정으로 구분한다. 전자는 카페인을 제거하는 용매로 염화메틸렌Dichloromethane을 사용하고 후자는 용매로 아세트산에틸Ethyl Acetate을 사용한다는 점에서 다르다. 둘 다 화학 용매를 쓴다는 점에서 카페인 제거 후 생두에 잔류 화학물질이 있지 않을까 걱정이 되지만 자료에 의하면, 염화메틸렌에 대한 미국 FDA(Food and Drug Administration)의 규제는 10ppm이며 실제 검출량은 1ppm 미만일 뿐이다. 아세트산에틸도 40℃에서 증발하므로 로스팅 시 모두 증발해 원두에는 존재하지 않는다.

우리가 눈여겨봐야 할 것은 용매를 쓰지 않는 공정이다. 스위스워터공정Swiss Water Process과 이산화탄소공정CO2 Process으로 구분한다. 전자는 직간접적으로 화학물질을 넣지 않고, 오직 용해도와 삼투현상으로만 카페인을 제거한다는 점에서 기존의 방식과 가장 큰 차이를 보인다. 캐나다 밴쿠버에 위치한 공장에서 1988년 상용화되었으며, 특히 유기농 커피의 카페인을 제거할 때 독점적으로 사용된다. 후자는 가장 최근에 발명된 공정으로 맥스 플랜드 연구소의 과학자 커트 조젤Kurt Zosel이 개발했다. 이것은 화학 용매가 아니라 액체이산화탄소를 사용하며, 오직 카페인만 제거하고 다른 커피 성분에는 반응하지 않는다는 장점이 있다. 이 방법은 주로 커머셜 등급 커피의 카페인 제거에 많이 사용된다. 우리나라에 수입되는 디카페인 생두는 거의 대부분 스위스워터공정과 이산화탄소공정으로 카페인을 제거한 것이다.

스위스워터공정

지난 100여 년 동안 디카페인 기술이 진일보했지만 공정의 특성상 불가피하게 향이 손실될 수밖에 없다. 또한 카페인이 제거된 생두는 제거하지 않은 생두에 비해 수분의 함량이 낮다. 같은 산지의 생두라도 화력의 세기를 일반 생두와 같게 할 경우, 로스팅 시간이 짧아져 목표로 한 볶음도와 맛에 이르기 어렵다. 로스팅 시 단계별 변화가 빠르다는 점을 유념해 세심한 주의를 기울여야 한다. 그렇지 않으면 아까운 생두를 버리게 된다. 디카페인 생두는 같은 산지의 일반 생두에 비해 50% 이상 비싸다.

안타까운 것은 아직 우리나라에서는 신선한 양질의 디카페인 커피를 즐길 수 있는 카페가 제한적이라는 것이다. 디카페인 커피는 커피 약자를 위한 배려이자 복지다. 우리나라의 커피 산업 발전 속도에 발맞추어 이 또한 나아지길 기대한다.

GREEN BEAN 13

커머셜로도 충분하다

우리는 어려서부터 키, 달리기, 성적 등의 결과로 순서와 등급을 정하는 것에 익숙하다. 당사자 입장에서는 불쾌할 수도 있으나 관리하는 입장에서는 이처럼 편한 것이 없다. 사람에 대해서는 불편한 감정이 있으나 재화와 서비스에 점수를 매기는 것은 누구도 반기를 들지 않는다. 생두 또한 모양과 크기 맛에 따라 등급을 매기고 가격이 결정된다.

생두의 등급은 편의상 크게 커머셜Commercial, 프리미엄Premium, 스페셜티Specialty, 마이크로랏Micro Lot으로 나눌 수 있다. 커머셜을 커머디티Commodity라고도 한다. 프랑스 부르고뉴 와인의 등급에 비유하면 지역 단위Regional Appellation, 마을 단위Village Appellation, 프리미에르 크뤼Premier Cru(농장 또는 포도밭), 그랑 크뤼Grand Cru(포도밭)다. 뒤로 갈수록 품질이 좋은 비싼 와인인데 각각 특징이 있다. 지역에서 마을로, 마을에서 농장으로, 농장에서 포도밭으로 와인 생산 지역이 좁아진다는 것이다. 그렇다. 생산 지역이 작을수록 파종부터 수확, 그리고 병입까지 전 과정을 기계가 아닌 사람의 손으로 할 수 있다. 정성을 더 쏟을 수 있으니 결과물은 좋을 수밖에 없다.

우리가 흔히 카페에서 사용하는 원두는 커머셜 생두를 볶은 것이다. 여기서 우리가 오해하지 말아야 하는 점이 있다. 와인과 커피의 소비 빈도와 관여도Involvement다. 빈도는 너무 잘 알고 있으니 생략하고 관여도에 대해 알아보자. 관여도란 소비자가 재화와 서비스를 구입하기 전에 투입하는 시간과 노력의 정도다. 커피와 와인은 소비 빈도는 물론이고 관여도가 다르다. 커피는 매일 적어도 한잔 이상 마셔야 하는 필수품 같은 것이다. 와인은 주당이 아닌 다음에야 꼭 그렇지 않다.

하루에도 서너 잔씩 마셔야 하는 사람에게 비싼 커피는 부담스럽다. 일상적인 커피는 커머셜을 쓸 수밖에 없다. 그렇다면 커머셜은 품질이 낮은 커피인가. 전혀 그렇지 않다. 적어도 커피 산지에서 해외로 수출하는 커피는 철저한 품질관리를 통과한 것이 대부분이다. 과거 우리나라도 비슷한 사례가 있다. 좋은 김과 전복 등은 거의 전량 일본에 수출했다. 품질이 조금 떨어지는 제품만 국내에서 판매하고 그것에도 못 미치는 제품은 생산자가 소비하곤 했다.

콜롬비아 수프리모 우일라, 에티오피아 G2 이르가체페, 브라

▲ 결점두
— 생두의 결점두를 핸드픽하는 모습
▼ 핸드픽한 결점두

질 산토스 NY2, 케냐AA FAQ, 과테말라 SHB 안티과 등 우리가 카페에 가면 흔히 볼 수 있는 커머셜 커피다. 이 자체도 충분히 훌륭한 커피지만 커피를 볶는 로스터라면 생두의 결점두를 골라내는 것만으로도 커머셜의 품질을 조금 올릴 수 있다.

결점두는 미숙성한 것, 벌레 먹은 것, 곰팡이가 핀 것, 나뭇가지, 돌 등을 포괄한다. 이런 것들이 몇 개만 있어도 커피 맛에 적지 않은 영향을 미친다. 나뭇가지와 돌 등은 국내의 생두 수입업자가 미분 포장을 할 때 기계로 걸러내지만 나머지 결점두는 완벽하게 제거하지 못한다. 본인이 소규모 로스터라면 핸드픽으로도 흠 없는 생두를 확보할 수 있으니 커피 맛을 높이는데 도움이 된다. 핸드픽을 잘하려면 평소 결점두가 무엇이고 어떤 모양인지 인지하고 있어야 한다. 생두의 한쪽 면만 보지 말고, 반대편도 봐야 벌레 먹은 것이나 생두 속이 빈 셸 등을 가려낼 수 있다.

실제 동일한 종류의 커머셜 생두 2kg을 정확하게 반으로 나눠 한쪽은 핸드픽을 하고 다른 쪽은 그렇지 않은 것을 따로 볶아보자. 커핑Cupping을 하거나 추출을 해보면 맛에 유의한 차이가 난다. 핸드픽을 한 것이 확연하게 깔끔하고 뒷맛도 정갈하다.

GREEN BEAN 14

입맛이 까다로운 당신을 위한 커피

커피가 간절할 때는 인스턴트커피믹스 하나로도 만족감이 차고 넘친다. 가끔 정말 맛있는 커피 한잔이 생각날 때가 있다. 누구나 인정하는 고급 원두로 추출한 커피, 친구에게 오늘 정말 좋은 커피를 만났다 말할 수 있는 그런 커피에 우리는 가끔 끌린다. 꼭 입맛이 까다로워서가 아니라 평소 수입 냉동 소고기만 먹다가도 오늘은 입에서 살살 녹는 1^{++} 냉장 한우가 먹고 싶은 것처럼 말이다.

커머셜 혹은 커머디티 상위 커피를 프리미엄 커피라 한다. 지역 단위보다 좁은 마을 단위에서 엄격한 품질관리와 감독 아래 생산한 질 좋은 커피를 말한다. 우리에게 잘 알려진 3대 프리미엄 커피는 자메이카 블루마운틴, 예멘 모카 마타리, 하와이안 코나 엑스트라 팬시다. 세계 7대 불가사의처럼 호사가들이 만들어낸 것이지만 사람들은 이런 것에 마음이 혹한다. 이런 것을 마셔봐야

"나 세계 3대 커피 마셨다"라고 말하기 좋기 때문이다. 물론 지적 호기심 때문에 도전하는 분들도 있다.

자메이카는 17세기 중엽부터 20세기 중엽까지 무려 300여 년 동안 영국의 식민지였다. 높은 산지와 서늘한 기후, 그리고 양질의 토양까지 커피가 자라기 좋은 천혜의 조건을 갖춘 곳이다. 여기서 수확한 양질의 커피는 여왕에게 진상되었고, 그 뒤 '여왕의 커피'라는 별칭을 얻었다. 여왕이 이 커피만 마시지는 않았겠지만 이름이 가지는 권위와 판타지가 결합되면서 세상 어떤 커피보다 부드럽고 풍부한 맛을 가졌다는 지금의 명성을 얻었다.

예멘 모카 마타리는 '고흐가 사랑한 커피'라는 카피를 내세우고 있다. 서른일곱의 나이에 요절한 빈센트 반 고흐는 일생 동안 단 한 점의 그림밖에 팔지 못할 정도로 빈곤했다. 그가 예멘 모카 마타리만 좋아해서 그것만 마신 것은 아닐 것이다. 어떻게 해서 이런 이야기가 구전됐는지 명확한 기록은 없다. 다만 고흐에 대한 기록을 보면 진한 커피를 좋아했다고만 나온다. 예멘 모카 마타리는 깊고 풍부한 향과 과하지 않은 산미, 그리고 뒷맛에서 감도는 단맛이 매력적인 커피로 세간에 정평이 나 있다. 일본에서는 3대 프리미엄 커피로 고흐의 예멘 모카 마타리 대신 헤밍웨이가 좋아했다는 탄자니아 킬리만자로를 꼽기도 한다. 일본인에게는 고흐보다 헤밍웨이가 더 유명하기 때문이라고 한다.

하와이안 코나 엑스트라 팬시가 세계적으로 유명해지는 데 큰 역할을 한 사람은 미국의 대문호 마크 트웨인이다. 평소 커피를 좋아했던 그는 '코나는 그 어떤 커피보다 풍부한 향미를 지니고 있다'고 극찬했다. 엑스트라 팬시라는 이름에서 짐작할 수 있듯 생두가 크고 흠이 없으며 과일향이 매력적이다. 산미가 좋은 커피로도 유명하다. 코나는 유일하게 미국 영토에서 생산되는 커피다.

사실 3대 커피 외에도 맛있는 프리미엄 커피는 수도 없이 많다. 하지만 역사적으로 유명한 사건이나 인물과 인연을 맺지 못해 전설이 되지 못했을 뿐이다. 꼭 그렇지 않은 경우도 있다. 세인트헬레나 커피가 그 예다. 나폴레옹의 커피로 유명한 세인트헬레나는 앞서 언급한 인물보다 훨씬 드라마틱하고 입지전적인 나폴레옹의 이야기를 입고도 세계 3대 프리미엄 커피에는 이름을 올린 적이 없으니 역사의 아이러니다.

GREEN BEAN 15

커피계의 로마네 콩티

요즘 고급 커피의 대명사는 스페셜티Specialty다. 이름난 카페는 말할 것도 없고 웬만한 카페만 가도 스페셜티 커피를 쓴다며 홍보한다. 프리미엄 커피와 헷갈리는 사람이 많은데 둘 간의 차이는 품질도 가격도 아니다. 스페셜티 커피는 미국의 스페셜티커피협회Specialty Coffee Association of America에서 정한 품질 기준을 만족한 커피를 말한다. 또한 비영리 국제 커피 기구인 ACEAlliance for Coffee Exellence에서 매년 개최하는 커피 품평회가 있다. 여러 차례의 커핑 테스트에서 우수한 점수를 획득한 원두에 COECup of Exellence타이틀을 부여하는데, 신뢰도가 높아 옥션에서 고가에 거래된다.

스페셜티 커피가 되기 위해서는 외면적 평가와 관능적 평가에서 기준 이상의 점수를 획득해야 한다. 외면적 평가는 그린 그레이딩Green Grading이라고도 하는데, 생두 350g 중에 결점두가 여덟

개 이하여야 한다. 관능적 평가는 로스티드 그레이딩Roasted Grading 또는 커핑Cupping이라고 하며 분쇄한 원두의 향과 커핑 시 향미 평가로 80점 이상을 획득해야 한다.

미국의 스페셜티커피협회는 1982년에 시작됐지만, 국제적으로 스페셜티 커피가 관심을 받게 된 것은 2004년 베스트 오브 파나마Best of Panama 생두 경매에서 거래된 게이샤Geisha라는 커피의 영향이 컸다. 라 에스메랄다 농장Hacienda la Esmeralda에서 출품한, 이름까지 독특한 이 커피는 당시엔 상상할 수 없는 1파운드당 21달러에 낙찰되었다. 당시 다른 생두 경매가가 3달러 내외였다는 점을 감안하면 정말 대단한 사건이었다.

"이전까지는 경험하지 못한 놀라운 맛"이라는 평가가 뒤따랐고 한 심사위원은 "이 커피에서 신의 얼굴을 보았다"라고 말했다. 사람들은 아주 훌륭한 와인을 '신의 물방울'이라고 하지 않았던가. 게이샤의 원산지는 에티오피아 남서쪽에 위치한 게샤Gesha다. 1930년대 영국 외교관이 채집한 커피 열매가 케냐, 탄자니아, 코스타리카를 거쳐 파나마까지 와서 결국 70년 만에 빛을 본 것이다. 커피가 카파Kaffa에서 시작되었듯 게샤의 지명을 따서 게이샤라고 부르게 되었다.

차와 와인은 특유의 맛과 향을 음미하는 음료이자 기호식품으로 종종 커피와 비교되곤 한다. 2002년 세상에서 가장 비싼 차가 거래되었다. 무이암차의 일종인 대홍포大紅袍로 불과 20g이 미화 28,000달러를 기록했다. 같은 양의 금보다 무려 20배나 비싼 금액이었다. 와인은 여기에 한 술 아니 몇 술이나 더 뜬다. 2018년 소더비 경매에서 거래된 로마네 콩티 1945년산 1병(750ml)의 가격은 무려 588,000달러, 한화로 약 6억 7천만 원이었다. 와인 한 잔(150ml)이 1억3천만 원을 넘는 엄청난 금액이다.

2018년 역사상 가장 비싼 생두가 베스트 오브 파나마 생두 경매에서 거래됐는데, 1파운드(약 453g)에 803달러였다. 이전까지 최고가는 601달러였다. 차나 와인에 비하면 그나마 커피는 저렴한 편이 아닌가. 커피를 어포더블 럭셔리Affordable Luxury라고도 하는데 해석하면 '감당할 만한 수준의 사치품'이라는 뜻이다. 아무리 비싼 커피라도 나를 위해 한번은 사치를 부려볼 수 있으니 얼마나 다행인가.

GREEN BEAN 16

공정무역 커피는 정말 공정한가

커피 한잔을 마시더라도 내가 지불한 돈이 직접적으로 커피 농가와 일꾼을 도울 수 있다면 얼마나 선한 일인가. 생산자와 소비자, 그리고 환경을 생각하는 커피를 지속 가능한 커피Sustainable Coffee라 한다. 공정무역 커피Fairtrade Coffee, 셰이드 커피Shade Grown Coffee, 유기농 커피Organic Coffee, 인증 커피Good Inside Coffee가 그 예다. 그 중심에 공정무역 커피가 있다.

공정무역의 출발은 1946년 푸에르토리코의 바느질 제품을 미국인들이 사주는 것에서 시작됐다. 공정무역 제품은 커피뿐만 아니라 바나나, 코코아, 면화, 설탕, 꽃, 차 등 굉장히 다양하다. 이런 물건을 판매하기 위한 최초의 공정무역 상점이 1958년 미국에서 문을 열었다. 현재는 한국을 포함해 76개국에 회원사를 두고 있다.

농산물은 수요가 크게 변하지 않아 공급, 즉 한 해 농사의 결과가 중요하다. 과거 소규모 커피 농가는 자본력과 정보의 부재로 생산량이 적고 품질도 낮은 것이 현실이었다. 공정무역 커피는 이런 문제를 해결하고자 시작됐다. 현재 제3세계의 소규모 농가와 노동자에게 생계를 유지하고 발전을 꾀할 수 있도록 몇 가지 지원 사업을 진행한다.

우선 생산비 이상의 가격으로 커피를 구매함으로써 생계가 가능하도록 한다. 커피 가격은 그해의 전 세계 작황에 의해 가격이 결정된다. 어느 해는 생산원가 이하의 가격으로 커피를 넘길 수밖에 없는 상황에 처한다. 이런 일이 없도록 최저가격을 보장해 주는 것이다.

과거 소규모 커피 농가들은 신용이 낮고 담보물이 부족해 울며 겨자 먹기로 중간업자에게 고금리로 돈을 빌렸다. 이에 저금리 선불융자를 지원함으로써 농가가 빚더미에 앉아 파산하는 것을 막아 안정적인 생활이 가능하도록 돕는다.

정보의 비대칭성은 커피 농가에도 해당된다. 그래서 파종부터 수확, 그리고 가공에 이르기까지 필요한 정보를 제공하고 지도한다. 환경 파괴를 최소화하기 위해 화학비료의 사용을 제한하고 유전자변형 농작물의 사용을 금지하고 있다. 특히 유기농 제품에 대해서는 프리미엄을 붙여 더 높은 최저 가격으로 구매함으로써 재배를 적극 장려하고 있다.

원칙적으로 계약에 명시되지 않은 강제 노동과 13세 미만의 어린이 노동을 금지한다. 또한 생산자 조합을 결성해 당면한 문제에 모든 구성원이 참여하고 민주적인 의사결정이 이루어질 것을 요구하고 있다.

그렇다면 공정무역 커피는 문제점은 없는가? 미국 산호세 주립대학의 콜린 하이트 교수는 〈스탠퍼드 소셜 이노베이션 리뷰〉에 기고한 글에서 공정무역 커피의 여러 문제를 제기한다.

국제공정무역기구Fairtrade Labelling Organizations(이하 FLO)가 제시하는 최저 가격은 뉴욕커피거래소New York Coffee Exchange(이하 NCE)의 가격을 기준으로 지수를 정한다. 만약 NCE의 가격이 파운드당 1.2달러라고 가정하면, FLO는 1.4달러를 보장하는 식이다. 일반 커피는 등급별로 가격이 결정되지만 FLO는 표준화된 가격을 지불할 뿐이다. 여기에서 문제가 발생한다.

만약 한 농부가 두 그루의 커피나무로 2파운드의 생두를 생산할 수 있는데 FLO는 1파운드만 구매할 수 있다고 가정하자. 한 그루의 1파운드(시장가 1.7달러)는 품질이 훌륭하고 나머지 것(시장가 1.2달러)은 좀 못하다고 할 때 문제가 발생한다. FLO가 1파운드를 1.4달러에 구매한다고 할 때 농부는 품질이 좀 못한 것을 내놓고 좋은 것은 시장에 팔아서 3.1달러를 받아 이윤을 극대화할 것이다.

문제는 지금부터다. 농부는 특정 나무에 더 정성을 쏟고 품질을 높이고, 상대적으로 소외된 나무는 FLO 기준만 통과할 정도로 관리를 할 것이다. 결국 공정무역 커피를 구매하는 소비자는 더 많은 돈을 지불하고 질이 낮은 커피를 구매할 가능성이 높아진다는 것이다.

과거에는 정보의 비대칭성이 큰 문제였다. 외딴 지역에 고립된 농부들은 정보 부족으로 중간업자가 제시하는 가격에 휘둘릴 수밖에 없었다. 하지만 지금은 스마트폰으로 무한대의 정보 접근이 가능하다. 수시로 변하는 생두 가격을 알 수 있어 중간업자와의 교섭에서 협상력을 높일 수 있다.

콜린 하이트 교수는 이 외에도 생산자 조합에 지불하는 장려금이 농부에게 직접 전달되지 않는 점, 커피업계의 수출입 기업들이 소규모 농장과의 직접 거래를 통해 FLO보다 좋은 조건의 가격을 지불하고 있는 점 등 여러 문제가 있다고 주장한다.

공정무역 커피는 앞서 언급한대로 여러 가지 장점이 있다. 그 가운데 소비자의 윤리적 소비가 소규모 농가에게 최소한의 생계를 보장하게 한다는 점은 분명히 매력적이다. 그럼에도 여러 한계점이 있다. 어느덧 공정무역 소비 운동의 역사가 70여 년이 넘었다. 이제는 FLO의 한계점을 인정하고 소규모 농가와 소비자 모두 상생할 수 있는 방안을 모색할 때다.

GREEN BEAN 17

커피나무 한 그루에서 몇 잔의 커피가 나올까

옛날 중국에서는 아이를 낳으면 술을 담갔다. 그 아이가 결혼을 할 때 술 항아리를 열어 하객에게 대접했다. 내 친구 중 하나는 딸을 낳고 집에 커피나무 씨앗 몇 개를 심었다. 난 그에게 왜 그랬는지 물었다. 그의 대답이 걸작이었다. 스피노자는 내일 지구가 멸망할지라도 사과나무를 심겠다고 했지만, 난 아파트에 사니 그건 안 되겠고 나중에 커피 한잔이라도 마실 수 있을까 싶어 그랬단다.

간혹 손님 가운데 생두 몇 알을 얻을 수 있는지 묻는 분들이 있다. 생두를 심으면 커피나무가 될 것이라는 믿음 때문이다. 바람대로 되면 좋겠지만, 흔히 우리가 알고 있는 생두를 심어서는 절대 싹을 틔울 수 없다. 내과피(파치먼트) 상태의 생두를 심어야 커피나무가 된다. 로스터리 카페에 가면 생두는 있지만, 파치먼트의 경우 열에 아홉은 없다. 인터넷 검색창에 '커피나무 씨앗'이라고 치면 관련 구매 정보가 뜬다.

지금은 인터넷에서 단돈 5천원이면 커피나무 씨앗을 구매하고 택배로 편안하게 받을 수 있다. 하지만 인도의 커피 아버지라 할 수 있는 바바 부단은 그것을 위해 목숨을 걸었다. 그는 16세기 메카로 성지순례를 떠났다가 돌아오던 중 예멘 모카에서 어렵게 파치먼트 일곱 알을 구해 지금의 인도 몬순 커피가 있게 했다. 사실 중남미의 커피는 엄밀히 보면 바바 부단이 가져온 커피나무 씨앗의 자손들이다.

씨앗이 준비되면 깊이가 2cm쯤 되는 그릇에 물을 흠뻑 적신 솜이나 휴지를 깐다. 그 위에 씨앗을 올리고 다시 물을 살짝 뿌려준다. 중요한 것은 씨앗이 마르지 않도록 주기적으로 물을 공급해야 한다는 점이다. 3~4일 후 파치먼트를 만져보면 약간 미끈미끈한 점액질이 느껴질 것이다.

이제 물에 불린 씨앗을 화분에 파종한다. 화분 한 개에 씨앗 한 개를 심거나 여러 개를 심는 방법이 있다. 준비한 화분의 크기에 따라 결정한다. 한 개를 파종할 경우 화분의 크기는 윗부분 지름이 10cm, 높이가 10cm 정도인 것을 사용한다. 흙은 물 빠짐이 좋고 질소, 인, 칼륨 등 영양분이 풍부한 것을 사용한다. 씨앗을 심을 때는 손가락 한 마디 정도의 깊이로 약 2cm 정도가 적당하다.

파종 후 1년 미만의 유아기 때는 1일 2회 물을 준다. 봄부터 가을까지는 토양 표면이 말랐을 때 물을 주고 겨울에는 토양이 대부분 말랐을 때 충분히 물을 준다. 온도는 16℃ 미만으로 떨어지지 않도록 주의한다. 특히 겨울에는 실내에 보관해 냉해를 입지 않도록 해야 한다. 한여름에는 장시간 직사광선에 노출되지 않도록 하고 실내 온도가 25℃를 넘지 않도록 한다.

파종 후 50~60일이 지나면 뿌리를 내린 씨앗이 흙을 뚫고 고개를 내민다. 그 후 한 달이 지나면 씨앗이 터져 부풀어 오르고 어느 순간 윤기가 좌르르 흐르는 어린 떡잎 두 장이 나온다. 손가락으로 떡잎을 만지면 기름이 묻을 것처럼 반짝반짝 윤기가 흐른다. 떡잎이 나온 후 약 3개월이 지나면 작은 커피나무의 모습을 갖춘다. 이 시기에 화분 갈이를 한 번 한다. 유아기 때는 두 번 정도 하는 것이 좋다.

두 번의 화분 갈이를 마친 1년 생 이상의 묘목은 이제 2~3일에 1회 물을 흠뻑 준다. 1~2년 생 묘목은 1년에 한 번 정도 나무 크기에 맞게 화분 갈이를 한다. 2년이 지나면 커피 꽃이 핀다고 하지만 그 확률은 높지 않다. 심지어 파종 후 5년 만에 첫 꽃을 봤다는 분도 있었다. 대개 3년이 지나면 흰색의 다섯 꽃잎을 만날 수 있다. 재스민과 치자나무 꽃을 닮은 달달한 향이 매력적이다. 맛도 그럴까 싶어 꽃잎 몇 개를 뜯어 맛보고 싶지만 어렵게 피운 꽃이기에 차마 손이 가지 않는다.

열흘이 못 가서 꽃잎이 다 떨어지고 나면 그 자리에서 작은 열매가 맺힌다. 아라비카의 경우 약 8개월 정도면 청색 열매가 붉은색으로 다 익는다. 커피나무의 특징 중 하나는 올해 열매를 맺은 가지는 내년에는 휴지기에 들어간다는 것이다. 또한 같은 가지라도 올해 열매를 맺지 않은 자리는 내년에 커피 체리를 볼 수도 있다.

에스프레소 한잔에 필요한 원두의 양은 약 8g이다. 생두 한 개가 약 0.2g, 원두 한 개는 보통 0.15~0.17g이므로 커피 한잔에 필요한 생두는 50개 내외다. 보통 집에서 키운 3~5년차 커피나무 한 그루로 커피 체리 40~50개 정도를 수확하며 커피 체리 한 개에는 두 개의 생두가 있다. 현실적으로는 커피나무 한 그루로 커피 두 잔을 즐기기에도 버겁다.

앞서 커피나무를 심은 친구의 이야기를 다시 할까 한다. 아이는 올해 초등학교에 들어갔다. 커피나무를 자식처럼 애지중지 키웠더니 3년 전부터 커피 체리를 수확하고 있다고 한다. 한 해 커피 몇 잔을 마실 수 있느냐고 물으니 40잔은 된다고 했다. 그렇게 많은 커피 체리가 열리느냐 물으니 사실 1년에 수확하는 커피 체리는 약 100개이며, 나머지는 생두를 구매해 블렌딩한다고 했다. 딸아이의 이름을 따서 '예솔블렌딩'이라고 한다. 1대 9의 비율로 블렌딩하면 커피 한잔에 키운 생두 다섯 알이 들어가는 셈이다.

세상에 비싸고 좋은 커피가 많다고 하나 내가 심고 키운 커피만큼 귀하고 맛있는 커피는 없다. 그 커피 한잔에 담긴 의미 또한 남다르다. 커피를 즐기는 이들이라면 집에서 커피나무 한 그루를 길러보면 어떨까. 비록 열매를 맺고 커피 한잔을 즐길 수 있을 때까지 긴 세월이 걸리겠지만 커피 애호가라면 한번 시도해 볼만하다.

가장 원초적인 커피 한잔

아버지는 젊은 시절을 배추와 무 농사를 짓느라 다 보내셨다. 농사가 여간 고되고 손이 많이 가는 게 아니다. 힘에 부친 몸을 밥심으로 버틴다고 한다. 그래서인지 농촌의 밥그릇과 국그릇은 유난히 컸다. 아침과 점심 사이, 그리고 점심 식사 후에도 '새참'이라는 먹거리가 제공되었다. 여름에는 시원한 수박과 참외가 나왔고 막걸리도 빠지지 않았다.

술뿐만 아니라 여인들을 위한 음료, 사발커피도 있었다. 커피와 프림, 설탕을 듬뿍 넣고 시원하게 얼음을 동동 띄웠다. 캔 커피 다섯 개는 되는 양의 사발커피를 돌아가며 마셨다. 아이들은 뼈가 삭는다며 못 마시게 했다. 어른들 몰래 몇 모금 마시면 그렇게 맛있을 수가 없었다. 마치 설탕을 듬뿍 탄 막걸리처럼 맛났다. 지금은 아무리 그 맛을 내려고 해도 낼 수도 느낄 수도 없다.

자바섬 이젠Ijen 지역의 커피 농장을 방문한 후 갑자기 인니 농부들은 커피를 어떻게 마실까 궁금했다. 지난 며칠간 발리 우붓Ubud에서 머무르면서 발리 커피에 관한 정보를 꽤 들을 수 있었다. 가깝게 지낸 현지인에게 사정을 이야기하니 발리 북쪽의 문둑

Munduk에 가보라고 했다. 라이스 테라스Rice Terrace, 계단식 논이 멋진 곳이라는 말에 귀가 솔깃했다.

다음 날 숙소를 나와 택시기사와 흥정을 하고 문둑으로 향했다. 우붓을 벗어나 조그만 마을을 수차례 지나며 좁은 산길을 오르고 내리기를 반복했다. 차창 밖에서 들어오는 공기는 지금껏 마신 것 중에 가장 깨끗하고 시원한 것이었다. 꼬불꼬불한 산길을 지나고 갑자기 시야가 확 트였다. 시작과 끝을 알 수 없는 어마어마한 크기의 호수였다.

기사는 여기서 잠시 쉬어 가자고 했다. 탐블링간 호수Lake Tamblingan로 백록담과 같은 칼데라호였다. 사진을 찍고 있는데 기사가 불러 뒤를 돌아봤다. 난데없이 거대한 박쥐 한 마리가 작은 나무가지에 거꾸로 매달려 있는 게 아닌가. 정말 깜짝 놀랐다. 근처 나무판자 위에는 1.5m는 돼 보이는 야생 이구아나 한 마리가 자리를 틀고 있었다. 아마도 누군가 관광객 사진 촬영용으로 놓은 듯했다. 엊그제 밤에도 부채만 한 나방의 출현에 놀랐다. 이 나라에서 움직이는 것은 하나같이 거대했다

운 좋게도 하룻밤에 15,000원쯤 하는 좋은 숙소를 잡았다. 2층 테라스 앞쪽으로는 계단식 논이 파노라마처럼 펼쳐져 있었고 숙소 근처의 경사지에는 누구도 돌보지 않는 커피나무가 듬성듬성 자라고 있었다. 굳이 멀리 커피 농장을 찾아갈 필요도 없었다. 이런 곳이라면 내가 그토록 보고 싶은 사발커피를 만날 수 있을 것

힘차게 쏟아지는 장엄한 폭포의 물줄기

가장 원초적인 커피 한잔의 기억_문둑

같았다.

유명하다는 문둑 폭포에도 잠시 다녀왔다. 30m는 족히 넘는 폭포는 야생 그대로였다. 돈을 받거나 관리하는 이도 없었다. 엄청난 굉음과 물보라가 장관이었다. 가까이서 온몸으로 폭포수를 맞는 사람도 있었다. 먼 발치에 서 있었는데도 폭포에서 작은 물방울을 실은 시원한 바람이 불어왔다.

다음 날 아침 해발 1,700m의 바투산[Mount Batur]은 솜사탕처럼 하얗고 폭신한 구름을 머리에 이고 있었다. 오늘도 오후가 되면 비가 올까 싶어 아침부터 서둘렀다. 문둑은 평균 해발이 1,000m가 넘기 때문에 오후 1시가 넘으면 느닷없이 비가 내린다. 오전 내내 계단식 논 사진을 열심히 찍고 허기진 배를 달래려 근처 현지인 식당에 들렀다. 얼마나 배고팠는지 나시고랭 한 그릇과 시원한 얼음 잔에 맥주 한 병을 게눈 감추듯 비웠다.

논에서 일하는 농부의 모습은 보이는데 커피를 즐기는 사람은 없었다. 구름 한 점 없는 뙤약볕 아래 논길을 두 시간 동안 걸었다. 이곳은 농약을 치지 않고 닭을 풀어 벌레를 잡아먹게 했다. 지성이면 감천이라 했던가. 나무와 짚으로 얼기설기 엮은 오두막을 그늘 삼아 식사를 하는 농부를 발견했다.

인사 후 들어가도 되는지 물었더니 손짓으로 어서 들어오라고 했다. 괜히 식사를 방해하는 것 같아 미안했다. 농부의 앞에는 모닥불에 주전자가 끓고 있었다. 얼마나 썼는지 검게 그을리고 찌그러져 오랜 세월의 흔적을 엿볼 수 있었다. 논에서 일하던 농부 한 명이 오두막으로 들어왔다. 모닥불 위의 주전자를 들어 유리잔에 따랐다. 그게 무엇이냐고 물으니 미소를 지으며 "코피Kopi"라고 했다.

설마 그게 커피일 것이라고는 상상도 하지 못했다. 구수한 냄새가 좋았었는데 무더운 한낮에도 커피를 끓일 줄은 몰랐다. 내게도 커피 한잔을 건넸다. 고된 농사에도 커피를 끓이고 생면부지의 외지인에게 커피 한잔을 권하는 그들의 마음이 참 멋스럽고 따뜻했다. 나 역시 그들처럼 설탕을 듬뿍 넣고 옆에 있는 나뭇가지로 커피를 휘휘 저었다. 그 가운데 가장 나이 지긋한 어른이 커피와 같이 먹으라며 과자 몇 개를 내놨다.

어릴 적 어른들 몰래 마신, 바로 그 사발커피 맛이었다. 커피의 종류도, 지역도, 사람도 다르지만 내가 찾았던 가장 원초적인 커피, 바로 그 맛이었다. 에티오피아 여인들이 관광객 앞에서 생두를 볶고 빻아 커피를 끓이는 분나 마프라트Bunna Maffrate(커피 세리머니)가 우리네 민속촌에서 펼치는 부채춤 같은 것이라면, 지금 이 커피는 바다에서 갓 잡은 생선처럼 팔딱팔딱 뛰는 말 그대로 날것이었다. 나는 감사 인사로 커피값을 조금 드리려 했지만 그들은 한사코 괜찮다며 손사래 쳤다.

아주 가끔, 날것 그대로의 가장 원초적이었던 문둑의 커피가 그리울 때가 있다. 오늘이 그렇다.

논 일을 하고 있는 농부

끓고 있는 커피와 식사 중인 농부

02

원두

WHOLE BEAN

생두는 하늘과 농부가 함께 만든 합작품이다. 우리 같은 사람들이 개입할 여지는 없다. 하지만 원두는 철저히 우리의 영역이다. 로스팅은 신이 감춰놓은 맛의 보석 상자를 찾아가는 과정이다. 2장에서는 로스팅과 블렌딩, 그리고 올바른 원두 사용법에 대해 안내한다.

WHOLE BEAN 1

생두, 원두가 되다

요즘 로스팅을 즐기고 배우는 사람들이 늘고 있다. 인생의 즐거움을 위해, 커피를 더 잘 볶기 위해, 향후 로스터리 카페 창업을 위해 등 목적이 다양하다. 로스팅이란 불과 열풍을 에너지로, 목표로 하는 볶음도에 맞게 생두를 굽는 것을 이르는 말이다. 신이 감춰놓은 맛의 보석 상자를 찾아가는 과정에 비유되곤 한다. 날콩인 생두는 매질을 통해 열이 전달되는 전도, 열과 매질이 함께 이동하는 대류, 매질을 통하지 않고 열이 전달되는 복사에 의해 볶은 콩인 원두가 된다.

로스팅은 생두가 감춰놓은 맛의 비밀을 찾아가는 험하고 고된 작업이다. 얼마나 볶았느냐에 따라 쓴맛, 신맛, 단맛이 드러나기도 하고 숨기도 한다. 풋풋한 향이 감미로운 향으로, 고소한 참기름 향을 내뿜다가 임계치가 넘어서면 탄내가 난다. 원하는 맛을 찾기 위해서는 일정 시간 기다림이 필요하다. 어느 순간은 빠른

▲ 생두
▼ 원두

순발력을 요구하기도 한다. 이런 이유로 사람들은 로스팅을 어려워한다.

생두가 원두가 되는 것은 원석이 보석이 되는 것과 같다. 양질의 원석에서 빛나는 보석이 나올 수 있듯 생두가 나쁘면 좋은 향미를 가진 원두를 기대할 수 없다. 그러나 그 반대는 언제나 가능하다. 아무리 비싸고 좋은 생두일지라도, 자칫하면 마시는 것은 고사하고 방향제나 방습제 신세로 전락할 수 있다. 미켈란젤로는 "나는 대리석에서 천사를 발견하고 그 천사를 자유롭게 할 때까지 망치질을 한다"고 했다. 커피를 볶는다는 것도 마찬가지가 아닌가 한다.

로스팅을 어려워하는 사람들에게 꼭 하는 말이 있다. 생쌀로 밥을 하는 것을 생각해 보라는 것이다. 밥을 짓는 것을 어렵게 여기는 사람은 없다. 그러나 전기밥솥에 의지하지 않고 냄비에 먹는 사람의 기호에 맞게 밥을 하는 것은 쉬운 일이 아니다. 캠핑에 가서 가스불로 밥을 해본 사람은 알 것이다. 방심했다가는 3층 밥이 되기 일쑤다. 하지만 몇 번의 시행착오를 거치다 보면 어느 새 집에서 먹던 꼬들꼬들한 밥을 해내지 않았던가.

커피를 볶는 것은 시각, 후각, 청각이 총 동원되는 정밀한 작업이다. 시간에 따라 생두가 부풀어 오르고, 센터 컷이 터지고, 색깔이 변해가는 모습에 집중해야 한다. 볶음도에 따라 다양한 향이 피어나는데 코는 그 순간을 놓치지 말아야 한다. 코는 생각보다 쉽게 피로해진다. 서너 배치Batch가 끝나고, 다음 배치를 하기 전 신선한 공기를 마시는 것은 로스팅뿐만 아니라 건강을 위해서도 필요한 일이다. 로스팅에서 소리를 간과하면 공기 흐름을 조절하는 댐퍼를 충분히 열거나 닫지 못해 풋내가 나거나 향 손실이 있을 수 있다.

인생에 답이 없듯 로스팅에도 정답은 없다. 자신만의 로스팅 프로파일을 가지고 있어야 한다. 프로파일도 절대적인 것이 아니다. 기계에 따라 다르며, 같은 기계라도 수리한 후에는 프로파일이 변할 수 있다. 각각의 생두의 특징을 잘 살린 나만의 로스팅 프로파일을 가지려면 부단한 연습과 노력이 요구되는 이유다.

무언가를 하겠다고 마음먹는 것은 누구나 할 수 있고 시도하는 것은 대부분이 할 수 있으나 그것을 잘하는 것은 극소수다. 그러나 시도조차 하지 않으면 아무 것도 이룰 수 없다. 커피를 볶는 것 또한 그렇다.

WHOLE BEAN 2

로스팅 시 생두의 물리적·화학적 변화

커피를 잘 볶기 위해서는 생두의 상태와 특성에 대해 파악해야 한다. 수확한 지 얼마나 되었는지, 함수율은 어떻게 되는지, 재배 고도는 얼마인지, 습식법인지 건식법인지, 품종은 무엇인지, 혹시 디카페인은 아닌지 등 알아야 할 것이 많다. 생두에 관한 정보 수집이 끝나면 볶음도를 정하고 본격적인 작업에 들어간다.

예를 들어 수확한 지 1년 미만의 뉴크롭, 함수율 12%, 재배 고도 1,500m, 습식법, 아라비카 티비카종 3kg을 중강볶음Full City Roast으로 볶는다고 가정해 보자.

생두 3kg을 호퍼에 부은 후, 최대 화력의 30% 정도로 로스터를 100℃까지 예열한다. 드럼 내 공기 유입을 조절하는 댐퍼도 반쯤 열어둔다. 예열의 목적은 혹시 있을지 모르는 드럼 내의 습기를 제거하고 드럼의 갑작스런 팽창을 막아 기계의 오작동을 줄이는 데 있다. 특히 갑자기 날씨가 춥거나 습할 경우 예열에 더 신경을 쓴다. 로스팅은 연소 과정이므로 산소가 충분히 공급되도록 환기에 신경 써야 결과물도 좋고 산소 부족으로 인한 안전사고까지 예방할 수 있다.

드럼 내 온도가 100℃를 가리키면 화력을 최대 세기로 높여준다. 댐퍼는 전체의 20% 정도만 남겨놓고 충분히 닫아준다. 200℃가 되면 호퍼의 개폐구를 열어 생두가 드럼 안으로 투입되도록 한다. 로스팅이 진행될수록 생두는 함수율의 변화, 표면의 색 변화, 은피의 벗겨짐, 센터 컷의 벌어짐, 표면의 수축과 팽창 등 물리적·화학적 변화를 보인다.

고산지대에 자란 생두는 저지대보다 조밀도가 높고 단단해서 변화 양상이 상대적으로 느리다. 습식법은 건식법에 비해 센터 컷이 늦게 벌어지고 은피도 늦게 떨어지며 원두 표면의 주름 또한 늦게 펴진다. 로스팅 초기에는 생두가 열을 흡수하면서 수분이 증발하고 원두의 표면이 살짝 쪼그라든다. 이때 생두의 풋내가 날아가는데 표면이 노란색이 될 때까지 증가한다. 풋내가 단향으로 바뀌는데 이는 마이야르 반응[Maillard Reaction] 때문이다. 아미노산과 환원된 설탕 사이에 일어나는 화학반응으로 1912년 프랑스 화학자 루이 카미유 마이야르[Louis Camille Maillard]가 발견해 그의 이름을 땄다. 이 현상은 빵이나 고기를 구울 때도 관찰되는데, 흔히 우리가 고소하다고 느끼는 향을 만든다. 단향이 극대화될 때 댐퍼를 닫으면 향 손실을 막을 수 있다. 그러나 자칫하면 풋내가 충분히 빠지지 않아 나중에 비릿한 맛이 날 수도 있다.

생두의 온도가 190℃ 정도에 이르면 발열 반응이 일어난다. '탁탁' 소리를 내며 센터 컷이 터지는 1차 크랙에 이르러 신 향의 발산이 본격적으로 이루어진다. 이때 캐러멜화Caramelization라는 커피의 대표적인 화학반응이 일어난다. 효소가 관여하지 않는 갈변의 일종으로 커피의 풍미를 한껏 올려주는 역할을 한다. 당류가 일으키는 산화반응으로 양파를 볶을 때도 나타나는데 음식의 단맛을 극대화시킨다. 다만 온도가 상승할수록, 생두의 수분이 줄어들면서 단맛이 탄 맛으로 변할 수 있어 세심한 주의를 요한다.

이후 신 향을 살리려면 댐퍼를 닫아주고 날리고 싶다면 열어주면 된다. '짜자작' 소리를 내며 생두의 표면이 부풀어 오르는 2차 크랙에는 댐퍼를 닫아 열량의 공급을 극대화시킨다. 이때 커피의 복합적인 향이 발산한다. 생두 표면의 주름이 충분히 펴지는 등 애초 목표로 한 중강볶음에 이른 것을 관찰했다면 신속하게 볶은 커피를 냉각기로 토출시켜 식힌다.

로스팅이 끝난 원두는 수분과 각종 화학물질이 증발하면서 질량은 15~20%까지 줄어들고 부피는 50~100%까지 증가한다. 즉, 생두 3.5~3.6kg을 볶아야 약 3kg 정도의 원두를 얻을 수 있다. 로스팅 계획을 세울 때 계산을 잘해야 하는 이유다.

▲ 로스팅하는 모습

WHOLE BEAN 3

로스팅 단계마다 다른 커피의 풍미

흔히 로스팅 볶음도라고 하는 볶은 커피의 단계는 나라와 대륙, 그리고 단체에 따라 다르다. 일본은 8단계, 북미 지역은 6단계, 미국스페셜티커피협회는 9단계로 구분해서 사용한다. 우리나라는 일본의 영향을 받아 라이트부터 이탈리안까지 8단계의 로스팅 볶음도를 많이 쓴다.

라이트 로스트Light Roast는 생두가 열을 흡수하면서 수분이 증발하는 상태로 옐로 빈이라고도 한다. 단향이 나서 감미롭다고 생각할 수 있으나 추출해서 맛을 보면 다르다. 커피의 쓴맛, 단맛, 신맛 등 복합적인 맛을 내기에는 부족한 상태다.

시나몬 로스트Cinamon Roast는 단어 의미 그대로 원두의 색상이 계피를 닮았다 하여 붙여졌다. 은피의 분리가 활발하게 일어나며 매력적인 신맛을 좋아하는 사람들에게 적합하다. 다만 이 볶음도에서 원두를 추출해 커피 맛을 즐기기에는 현실적으로 한계가 있다.

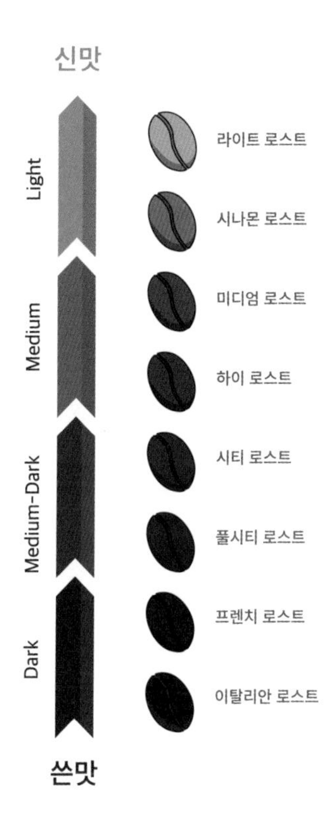

미디엄 로스트Midium Roast는 중간 볶음에 해당하며, 아메리칸 로스트American Roast라고도 한다. 미국 사람들이 기름진 음식을 먹고 개운한 신맛을 즐길 때 좋아해서 이런 이름이 정해졌다는 설이 있다. 스페셜티 커피 추출 시 많이 사용하는 볶음도이기도 하다.

하이 로스트High Roast는 신맛이 줄어들면서 단맛이 드러나는 볶음도다. 바디감이 살짝 감돌며 원두의 색상은 갈색을 띤다. 핸드드립과 에어로프레스 등을 즐기기에 적합한 볶음도로 마니아층이 형성되어 있다.

시티 로스트City Roast는 커피의 주된 세 가지 테이스트Taste인 쓴맛, 신맛, 단맛이 조화롭고 아로마Aroma 또한 매력적이어서 전체적인 균형이 좋다. 바디감이 풍부해서 많은 로스터와 커피 애호가들이 좋아하는 볶음도다.

풀시티 로스트Full City Roast에 이르면 비로소 원두 표면에 기름이 살짝 밴다. 꽉 찬 바디감이 매력적이며 이 단계부터 신맛이 줄어들면서 쓴맛과 단맛이 맛있게 감돈다. 개인적으로 가장 선호하는 볶음도다. 원두는 짙은 갈색을 띠며 에스프레소로 즐기기에 적합하다.

프렌치 로스트French Roast는 검은 갈색을 띠고 바디감이 강해 매력적인 쓴맛을 좋아하는 커피애호가에게 어울린다. 다만 2~3초 사이에 바로 이탈리안으로 넘어갈 수 있어 굉장한 집중력을 요한다. 개인적으로 콜드브루Cold Brew를 위한 볶음도로 쓰고 있다. 상온의 물로 추출했을 때 쓴맛을 누르고 산뜻한 신맛이 살짝 드러나면서 매력적인 풍미를 발산한다.

이탈리안 로스트Italian Roast는 원두 표면이 기름으로 덮여 있으며 커피의 복합적인 향미보다는 탄 맛이 지배적이라 요즘 거의 사용하지 않는다. 아직도 베트남 등지에서는 추출 후 달달한 연유를 섞어 음용하기 때문에 이 볶음도를 쓴다. 로스팅 중 원두 표면이 떨어져 나가고 자칫하면 새까맣게 탈 수 있어 추천하지 않는다.

8단계를 크게 네 단계로 줄여 라이트와 시나몬은 약볶음, 미

라이트 로스트

시나몬 로스트

미디엄 로스트

하이 로스트

디엄과 하이는 중볶음, 시티와 풀시티는 중강볶음, 프렌치와 이탈리안은 강볶음이라고 부르기도 한다. 일반적으로 선호가 높은 볶음도는 하이부터 풀시티까지인데 개인차가 있어 어느 것이 좋다라고 말하기는 어렵다. 우선 본인이 좋아하는 맛과 향을 파악하고 그에 부합하는 볶음도를 선택한다면 슬기로운 커피 생활이 되지 않을까.

시티 로스트

풀시티 로스트

프렌치 로스트

이탈리안 로스트

WHOLE BEAN 4

수동식 로스터의 종류와 특징

로스터는 생두에 열이 전달되는 방식에 따라 직화식, 반열풍식, 열풍식으로 나뉜다. 열원은 가스, 전기, 숯 등을 쓰며 동력에 따라 수동식과 기계식으로 구분한다. 수동식 로스터는 주로 개인이 사용하며 작은 로스터리 카페에서 쓰기도 한다. 종류로는 팬, 수망, 통돌이 등이 있다.

수동식 로스터는 사람의 손으로 작동하기 때문에 손맛을 느끼고 표현할 수 있다. 반면 로스팅이 균일하지 않다는 단점도 있다. 또한 여러 배치Batch를 할 경우, 팔에 무리가 가므로 충분한 휴식과 스트레칭을 해주는 것이 좋다.

수동식 로스터는 과정 중 연기가 많이 발생하고 은피가 날려 주변이 오염될 수 있으므로 실외 로스팅을 추천한다. 실내 로스팅을 하는 경우 닥트를 틀어 강제 환기를 하거나 창문을 열어 공기 순환이 충분이 되도록 한다.

로스팅 과정 중 은피가 분리되면서 생두에 붙을 경우 불쾌한 탄 맛과 잡미의 원인이 된다. 실내 로스팅을 계획 중이라면 폴리싱이 된 생두를 사용하는 것이 좋다. 수동식 로스터는 냉각기가 별도로 없다. 로스팅이 끝나면 원두를 냉각팬이나 채반에 옮겨 최대한 신속하게 식혀야 불필요한 맛의 변화를 줄일 수 있다.

팬Pan은 가장 오래되고 기본에 충실한 로스팅 방법으로 에티오피아의 커피 세리머니에도 사용된다. 열의 전도에 의해 생두를 볶는 것으로 열의 손실을 줄이고 잘 섞기 위해 두껍고 내부가 깊은 팬이 좋다. 로스팅 시 생두를 잘 섞기 위한 나무 주걱, 팬 바닥의 온도를 잴 수 있는 오븐용 온도계, 생두를 볶은 후 열을 식히기 위해 냉각팬이나 구멍 뚫린 넓은 채반이 필요하다. 무엇보다 팬을 100℃까지 충분히 예열을 한 후 생두를 투입해야 한다.

수망은 가장 적은 비용으로 로스팅을 즐길 수 있는 대중적인 방법이다. 수망, 버너, 타이머, 냉각팬이나 채반을 준비한다. 생두는 수망 바닥에 고르게 펴질 정도의 양만 준비한다. 수망과 버너의 불꽃과는 10~15cm 정도 이격 후 가장 센 불로 로스팅을 시작한다. 수망 손잡이가 금속인 경우, 로스팅 중 뜨거울 수 있으므로 내열 장갑이 필수다. 수망은 한 방향으로만 회전해야 한다. 1차 크랙 이후에는 불의 세기를 조금 줄여 생두가 타지 않도록 한다. 생두가 골고루 섞이도록 쉼 없이 회전을 해야 한다. 상대적으로 팬과 통돌이에 비해 팔이 아프고 번거롭다는 단점이 있다.

통돌이는 다람쥐 쳇바퀴 모양의 로스터를 버너 위에 고정하고 드럼 손잡이를 회전시켜 생두를 볶는 기구다. 통돌이, 버너, 타이머, 냉각팬이나 채반이 필요하다. 드럼에 구멍은 뚫려 있으나 팬이나 수망과는 달리 로스팅 중 눈으로 생두의 상태를 확인할 수 없어 샘플러를 사용한다. 요즘은 드럼의 소재가 금속이 아니라 구멍이 막힌 유리로 된 것도 있어 샘플러 없이 로스팅 중 생두 상태를 확인할 수 있다. 팬이나 수망에 비해 고르고 안정적인 로스팅이 가능하다. 다만 상대적으로 고가라는 점과 로스팅 후 드럼 내부의 청소가 번거롭다는 단점이 있다.

수동식 로스터

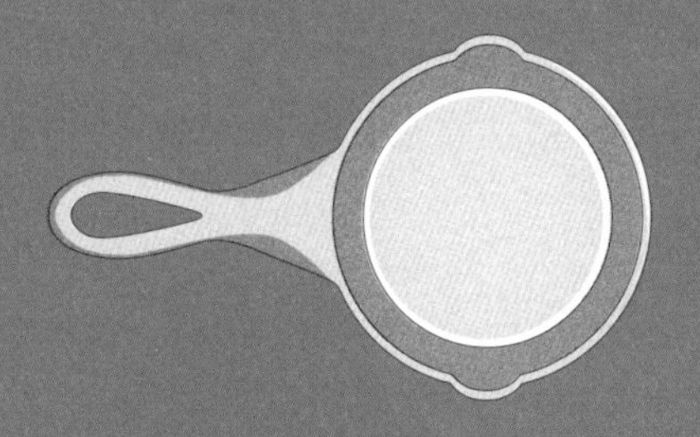

팬 로스터

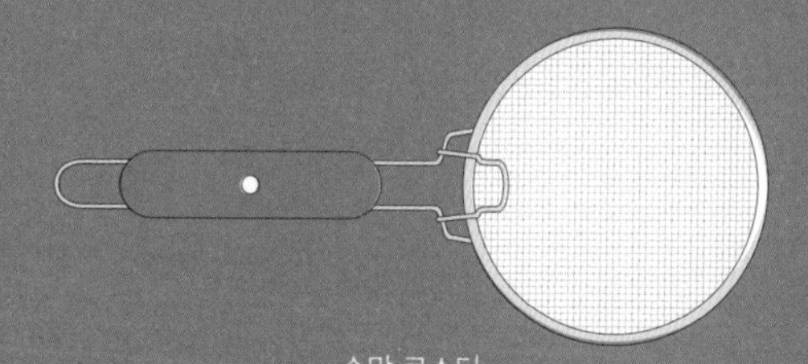

수망 로스터

통돌이 로스터

WHOLE BEAN 5

기계식 로스터의 종류와 특징

기계식 로스터는 사람의 힘이 아닌 전기모터로 드럼을 돌려 생두를 볶는 것을 말한다. 생두 1kg 이상을 볶는 상업용 로스터에 사용한다. 화력의 세기나 댐퍼의 개폐 여부는 사람이 샘플러로 생두의 변화상을 관찰하면서 조절한다. 화력과 댐퍼의 조절까지 사전에 프로그래밍된 정보에 의해 로스팅이 진행되는 것은 디지털 로스터라고 한다.

직화식 로스터는 작은 구멍이 뚫린 드럼 아래에 화원이 있어 구멍 안으로 전도와 복사에 의해 열이 전달되어 생두가 볶이는 구조다. 로스팅이 진행되는 동안 전기모터에 연결된 드럼은 정속으로 회전하기 때문에 생두가 골고루 볶인다. 직화식 로스터는 고기 굽는 것을 생각하면 이해하기 쉽다. 철판은 고기가 탈 염려는 적으나 석쇠에 구웠을 때 나타나는 특유의 불맛은 없다. 직화식 로스터는 숙련된 사람에게는 더없이 좋다. 그러나 직화의 특성상 겉은 잘 볶인 것 같은데 속까지 열이 충분히 공급되지 않아 풋내가 날 수 있으니 주의해야 한다. 대표적인 직화식 로스터는 일본의 후지로얄이 유명하며 숯이나 가스 중 화력을 선택해서 사용할 수 있다.

열풍식 로스터는 드럼과 화원이 직접 닿지 않고 뜨거운 열기가 배기관을 이동하면서 대류열이 생두에 전달되어 볶이는 방식이다. 공기를 데워 생두를 볶는 구조라 겉과 안이 균일하게 잘 볶인다. 덕분에 깔끔한 커피 맛이 특징이다. 다만 예열을 하는데 상대적으로 시간이 오래 걸리고 한번 올라간 열기가 쉽게 떨어지지 않는다. 다른 방식에 비해 온도 조절도 쉽지 않다. 미국의 로링에서 대표적인 드럼형 열풍식 로스터를 생산하고 있다.

반열풍식 로스터는 직화식과 열풍식의 장점을 모두 갖췄다. 드럼 내의 생두가 전도와 대류, 그리고 복사에 의해 볶이는 구조다. 드럼 내에는 교반날개가 장착되어 있어 생두가 서로 잘 섞이고 열 전달을 용이하게 한다. 회전하는 드럼 아래 열원이 위치해 있어 드럼 전체를 골고루 데운다. 드럼 뒤쪽 벽에는 작은 구멍이 그물망처럼 나 있어서 열원에서 나온 뜨거운 열기가 드럼 내부의 생두까지 전달된다. 반열풍식 로스터는 많은 로스터가 선택하기 때문에 카페나 로스팅 공장에서 쉽게 볼 수 있다. 세계적으로는 독일의 프로밧, 네덜란드의 하스가란티, 미국의 디드릭에서 대표적인 열풍식 로스터를 만든다. 국내에서는 태환의 프로스터가 대표적이다.

최근에는 생두의 특징과 볶는 용량, 그리고 볶음도를 프로파일링한 풀 오토메틱Full Automatic 디지털 로스터가 등장했다. 로스터에 몇 가지를 자료를 입력하고 생두를 투입하면 프로파일링한 볶음도에 맞춰 알아서 볶는다. 로스팅이 끝난 후 터치 버튼만 누르면 원두가 토출되고 냉각까지 되어 편리하다. 전기를 열원으로 하는 열풍식 로스터로 역시 깔끔한 커피맛과 클린컵이 특징이다. 드럼이 수직으로 되어 있으며 유리로 된 투시창으로 로스팅 과정을 관찰할 수 있다. 디자인 역시 투박하지 않고 고급스럽고 미려해서 주목을 받고 있다. 다만 간혹 같은 생두라도 배치 때마다 결과물에 차이를 보이는 것과 가격이 비싼 점은 아쉬운 부분이다. 스마트 강국답게 우리나라의 스트롱홀드가 좋은 제품을 내놓고 있다.

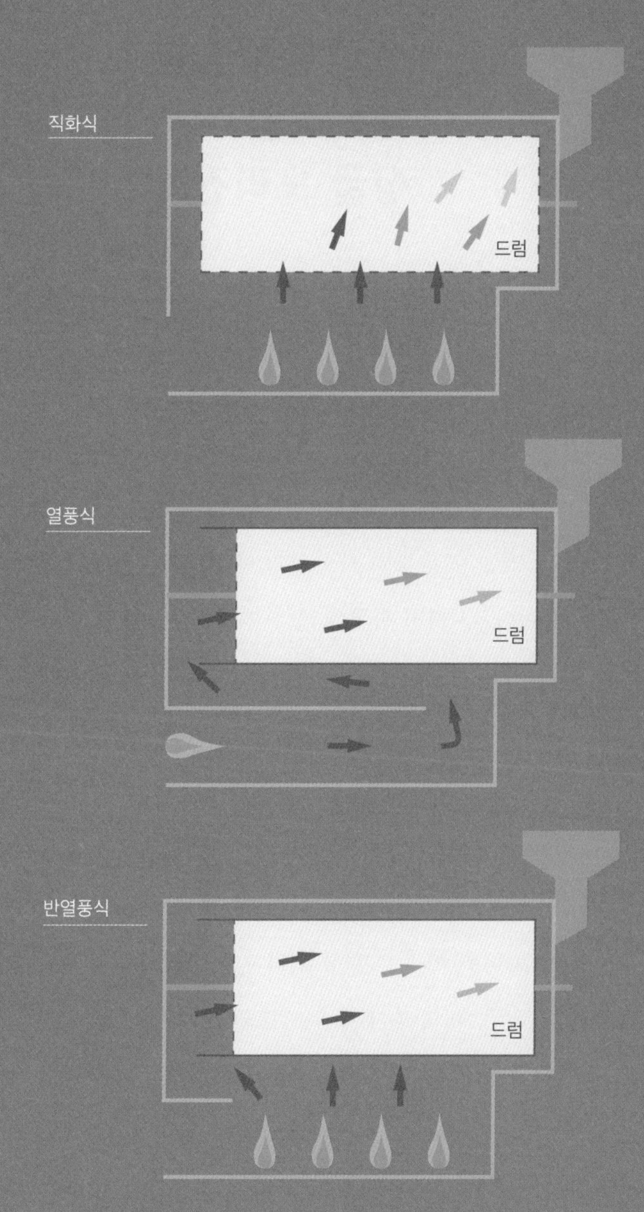

기계식 로스터 내부 구조

WHOLE BEAN 6

싱글 몰트만큼 매력적인 싱글 오리진

식생활의 변화로 쌀의 소비는 해가 갈수록 줄고 있다. 옛날 어른들의 보릿고개 얘기는 먼 과거의 전설처럼 회자될 뿐이다. 나 역시 하루에 밥 한 끼를 먹을 때도 있고 먹지 않을 때도 있다. 마트에서 쌀을 살 때 확인하는 건 원산지, 어느 지역의 쌀이냐다. 자주 먹지도 많이 먹지도 않지만 한 번을 먹어도 좋을 것을 먹자는 뜻에서다.

쌀 대신 빵을 먹고 커피를 입에 달고 사는 현대인에게 커피 한 잔은 단순한 음료 이상이다. 한잔의 커피가 하루의 기분을 좌우하기 때문이다. 2014년 이후 스페셜티 커피가 흥행하면서 덩달아 싱글 오리진Single Orgin 커피에 대한 수요 또한 증가하고 있다.

싱글 오리진 커피의 의미는 농장, 지역, 나라까지 확장해서 사용된다. 협의狹意의 의미는 한 농장에서 수확한 한 가지 품종의 커피를 말한다. 중의衆意의 의미는 여러 농장의 수확한 커피를 모아

지역명을 붙인 한 가지 품종의 커피다. 광의廣意의 의미는 한 나라의 커피 산지에서 수확한 한 가지 품종의 커피를 모은 것을 말한다. 보통 한 농장에서 수확한 싱글 오리진 커피가 그렇지 않은 것에 비해 품질이 좋고 고가에 거래된다.

콜롬비아 수프리모 우일라Columbia Supremo Huila를 예로 싱글 오리진을 설명하면 우일라라는 지역에서 수확한 수프리모급 커피를 모았다는 뜻이다. 때로는 프로세스(워시드)와 품종(타이피카)을 표기하기도 한다.

싱글 오리진 커피의 장점으로는 맛, 차별화, 홍보를 들 수 있다. 에스프레소를 추출할 때 한 가지 원두의 특징적인 맛을 표현할 수 있다. 고객에게 커피를 설명하기도 수월하고 이해 또한 빠르다. 세 대의 전동 그라인더에 세 종류의 싱글 오리진 커피를 사용할 경우, 고객들의 선택권이 넓어지기 때문에 타 카페와 차별화할 수 있다. 이를 홍보 포인트로 마케팅에 사용하면 신규 고객 확보에도 도움이 된다.

하지만 때로는 약이 독이 되기도 한다. 한 종류의 원두로 에스프레소를 추출하는 경우, 자칫하면 블렌딩한 것보다 못하기 때문에 숙련이 필요하다. 전동 그라인더를 여러 대 구입하는 것은 재정적으로 부담이 되므로 신중히 판단한 후에 결정해야 한다. 또한 여러 종류의 원두를 관리하기란 쉬운 일이 아니다. 고객의 주문이 적은 원두의 경우 오래될수록 산패되어 맛이 떨어진다. 고객에게 팔기에는 좀 부족하고 버리기에는 아깝기 때문에 처리에 고충이 따른다.

사람들은 변화를 주저한다. 이는 커피에도 동일하게 적용된다. 평소 즐기는 커피 메뉴를 주문할 뿐 새로운 메뉴에는 잘 도전하지 않는다. 싱글 오리진 커피는 더 심하다. 평소 케냐AA를 마시는 사람이 뜬금없이 과테말라 SHB 안티과를 주문하지 않는다. 블렌딩 커피를 마시는 고객에게 서비스로 싱글 오리진을 경험하게 하면 여러모로 도움이 된다. 싱글 오리진 고객을 확보할 수 있어 매출을 높일 수 있고, 더불어 평소 덜 나가는 원두까지 소진할 수 있다.

아직까지도 싱글 오리진 커피는 많은 사람들이 가보지 않은 길이다. 달리 말하면 기회의 땅이다. 사람들은 단지 몰라서 혹은 익숙하지 않아 시도하지 않을 뿐이다. 싱글 몰트만큼 매력적인 싱글 오리진 커피가 많은 사람들에게 사랑받는 날이 곧 올 것이라 기대한다.

WHOLE BEAN 7

원두의 종류와 특징

커피의 원종은 크게 아라비카, 로부스타, 리베리카 세 가지다. 아라비카는 재래종인 에티오피아종, 티피카종, 예멘종, 수마트라종 등이 있다. 돌연변이종으로는 버번종, 마라고디페종, 켄트종이 있으며 교배종으로는 문도노버종, 아카이아종이 있다. 이 외에도 인공교배종, 아라비카와 로부스타 교배종까지 포함하면 수천 가지의 커피 품종이 있다.

커피는 맛Taste과 향Aroma의 복합적인 결과물Flavor로 평가한다. 맛은 혀가 느끼는 세 가지 주요한 감각으로 쓴맛, 신맛, 단맛이 있다. 향은 분쇄하지 않은 원두에서 발산하는 것, 분쇄 후 비산하는 미세한 입자에서 나는 것, 분쇄한 커피 가루가 뜨거운 물과 만나 수증기로 증발하면서 나는 것이 있다.

플레이버에 영향을 미치는 주요한 세 가지는 바디감, 산미, 밸런스를 들 수 있다. 바디감은 커피를 입에 머금었을 때 느껴지는 묵직함의 정도다. 산미는 말 그대로 신맛을 의미하는 것으로 개운한 청량감을 말한다. 밸런스는 커피를 마셨을 때 느껴지는 맛과 향, 그리고 뒷맛까지 전체적인 커피 맛의 균형을 말한다.

우리는 원두의 종류를 말할 때 원종이나 교배종의 이름이 아니라 '에티오피아 G2 시다모'처럼 재배 산지의 이름을 쓴다. 수천 가지의 원두 가운데 커머셜로 쉽게 접하고 많이 즐기는 원두 아홉 가지를 골라 설명하고자 한다. 앞서 싱글 오리진에서 언급했던 것처럼 나라별 원두의 특징과 볶음도 그리고 맛있게 즐기는 방법을 소개한다.

과테말라는 고지대 재배로 유명하다. 커피 산지 등급은 고도에 따라 SHB, HB, SH, EPW, PW로 나뉜다. SHB(Strictly Hard Bean)는 해발 1,400m 이상에서 재배한 생두를 의미한다. 산지로는 안티과Antigua, 우에우에테낭고Huehuetenango, 아티틀란Atitlan 등이 있으며 아라비카가 대부분이다. 일부에서 과테말라 커피는 화산 지형에서 자라 스모키한 맛이 특징이라고 한다. 강하게 볶았기 때문이지 지형과는 관계없다. 제주도 감귤에서 스모키한 향은 없지 않은가. 대부분 습식법으로 생두를 정제하며 빈이 단단하고 바디감이 좋아 비교적 로스팅은 강볶음을 추천한다.

베트남은 세계 제2위의 커피산지임에도 불구하고 우리에게 많이 알려지지 않았다. 주요 산지는 달랏Da Lat으로, 과거 프랑스 식민지 시절 프랑스 장교의 여름 휴양지로 쓰일 정도로 서늘하고 쾌적한 곳이다. 독특한 점은 해발 800m 정도의 농장에서 아라비카와 로부스타를 함께 재배한다는 것이다. 생산량의 대부분이 로부스타라서 싱글 오리진보다는 블렌딩용이나 인스턴트커피에 사용한다. 현지에서는 주로 강하게 볶아 연유를 섞어서 마신다.

브라질은 세계 최대의 커피 산지로 2018년 기준 전 세계 커피 생산량의 약 32%를 담당하고 있으며 생산량은 약 30억6천만 kg이다. 주요 산지로는 세하도Serrado, 술데미나스Sul de Minas 등이 있다. 주요 품종은 아라비카이며 로부스타도 전체 생산량의 20%를 차지하고 있다. 파젠다Fazenda라는 대규모 농장에서는 기계 수확을 하며 대부분 건식법으로 정제한다. 브라질 산토스Santos No.2가 유명한데, 산토스는 산지가 아니라 예멘의 모카처럼 항구 이름이다. 재배 고도는 1,000m 내외로 산미가 적고 일부 품종을 제외하고 대부분이 블렌딩용으로 소비된다. 싱글 오리진은 약하게 볶고 블렌딩용으로 쓸 때는 중간볶음 이상이 좋다.

에티오피아는 커피가 시작된 나라답게 전 국민이 커피를 사랑하고 즐긴다. 대표적인 커피 산지는 시다모Sidamo, 이르가체페Yirgacheffe, 하라Harrar 등이 있으며 아라비카 품종이다. 결점두에 따라 등급을 나누며 가장 높은 G1부터 G5까지 있다. 커머셜로는 주로 G2가 많이 쓰인다. 대부분 건식법으로 생두를 정제하나 이르가체페 등은 습식법을 쓴다. 산미가 뛰어난 커피로 중간볶음 이하의 로스팅을 추천한다. 중강볶음으로 로스팅할 경우 산미는 줄어드는 반면 쌉쌀하고 고소한 맛이 매력적이다.

온두라스는 우리나라와 비슷한 면적에 인구는 $\frac{1}{5}$ 수준의 크지 않은 나라다. 그럼에도 세계 5위의 커피 생산량을 자랑하는데 2018년 기준으로 약 5억 kg의 생두를 생산했다. 온두라스에서 커피는 산유국의 석유만큼이나 국가 산업에서 차지하는 비중이 크다. 대표적인 커피 산지는 샌터바버라Santa Bárbara, 라파즈La Paz, 코판Copán 등이다. 중미 대부분의 커피 산지와 마찬가지로 해발에 따라 등급이 나뉜다. SHG, HG, CS 순으로 SHG(Strictly High Grown)는 1,500~2,000m에서 재배된 생두를 말한다. 최근 스페셜티 커피에서 강세를 보이고 있다. 재배 품종은 아라비카로 정제 방법은 습식법을 쓰며 산미가 좋아 로스팅은 중간볶음을 추천한다.

인도네시아는 18세기 초 세계 최초의 식민지 커피 농장이 조성된 곳으로 오세아니아의 대표적인 커피 산지다. 19세기 후반 커피 녹병이 창궐하면서 아라비카 대신 병충해에 강한 로부스타로 대체되었다. 생산량의 90% 가까이가 로부스타로, 대표적인 커피 산지는 수마트라Sumatra, 자바Java, 발리Bali, 술라웨시Sulawesi다. 특히 수마트라가 전체 생산량의 약 60%를 차지하며, 수마트라 만델링Mandheling이 유명하다. 만델링은 특히 바디감이 뛰어나 중강볶음 이상이 좋다.

자메이카는 우리나라 면적의 $\frac{1}{10}$, 인구는 $\frac{1}{17}$ 정도로 작은 나라다. 그러나 커피만큼은 세계적인 브랜드로 키웠다. 지금은 흔하지만 세계 최초로 산지명을 커피 이름으로 정한 나라이기도 하다. 대표적인 커피 산지는 블루마운틴으로 유명한 크라이스델이 있으며 거의 대부분이 티피카종이다. 생두의 등급은 No.1, No2, No.3으로 구분한다. 스크린 사이즈와 결점두의 수로 등급을 정한다. 자마이카 블루마운틴 No.1의 생두 가격은 1kg에 15만 원이 넘을 정도로 고가다. 산미가 아주 매력적인 커피라 로스팅은 중간볶음이 적당하다.

케냐는 주요 커피 산지에 비해 늦은 19세기 말에 커피 재배가 시작되었다. 동물의 낙원인 마사이마라국립보호구Masai Mara National Reserve가 있을 만큼 자연환경이 뛰어나다. 두 번의 우기 덕분에 1년에 두 번 수확이 가능하다. 주요 커피 산지로는 루이루Ruiru, 티카Thika, 엠부Embu 등이 있다. 주로 아라비카의 돌연변이종인 버번종이 많다. 생두의 등급은 스크린 사이즈와 커핑으로 정해진다. 스크린 사이즈는 AA, AB, C순이며 커핑 후 FINE, GOOD, FAIR TO GOOD, F.A.Q(Fair Average Quality) 등으로 나뉜다. 예를 들어 케냐 AA F.A.Q는 스크린 사이즈가 17~18이고 평균 이상의 맛을 보장한다는 의미다. 커머셜 생두 가운데 가장 뛰어난 향미를 가지고 있다. 로스팅은 중간볶음과 중강볶음 둘 다 어울린다.

콜롬비아는 세계 3위의 커피 강국이다. 브라질처럼 대규모 농장은 없지만 작은 농가들의 힘으로 커피 명가의 자존심을 지키고 있다. 우리나라의 약 10배 면적에 국토 대부분이 험준한 산지이나 커피 재배에 적합한 화산재 토양을 가지고 있다. 주요 커피 산지로는 마니살레스Manizales, 아르메니아Armenia, 메데진Medellín 등이 있다. 생두의 등급은 스크린 사이즈에 의해 수프리모Supremo, 엑셀소Excelso, U.G.Q, 카라콜리로 나뉜다. 수출용은 수프리모(17 이상), 엑셀소(14~16)에 한해 허용되며 콜롬비아커피생산자협회의 철저한 관리감독 하에 아라비카만이 재배되고 있다. 생두 정제 방법은 마일드 커피라고도 하는 습식법을 쓰며 밸런스가 좋은 커피로 볶음도는 중간볶음 이상이 좋다.

주요 원두의 특징

	무게감	산미	균형감
과테말라	●●●●	●●●	●●●●
베트남	●●	●●●	●●●
브라질	●●●	●●	●●
에티오피아	●	●●●●	●●●●●
온두라스	●●●	●●●●	●●●●
인도네시아	●●●●●	●●	●●
자메이카	●●●●	●●●	●●●●
케냐	●●●●	●●●●●	●●●●●
콜롬비아	●●●	●●●	●●●●●

참고: 1개(매우 약함), 2개(약함), 3개(보통), 4개(좋음), 5개(매우 좋음)
출처: THE COFFEE COMPANION

WHOLE BEAN 8

커핑은 왜 하는가

생두의 등급은 외관상 보이는 모양과 볶은 뒤 향과 맛을 평가해 정한다. 전자는 외면적 평가라 하고 후자는 관능적 평가라 한다. 커핑Cupping은 향미를 평가하기 위한 방법으로 커피를 분쇄했을 때와 뜨거운 물로 희석했을 때 느끼는 정도를 수치화한 것이다. 과거에는 커피를 전문적으로 하는 사람들의 전유물이었다. 요즘은 무료 커핑 세미나도 많이 열려 커피애호가라면 누구나 쉽게 접근할 수 있다.

커핑을 하는 목적은 생두의 품질을 알기 위해, 원두를 블렌딩할 때 각 원두의 특징을 파악하기 위해, 마지막으로 일반인의 관점에서 자신에게 맞는 원두를 선택하기 위해서다. 로스터는 커피를 볶은 후 향미 파악을 위해 커핑을 한다.

커머셜 생두와 스페셜티 생두는 커핑의 목적이 조금 다르다. 전자는 일정 수준 이상의 맛인지 평가하기 위해서고 후자는 차별화된 향미의 요소를 찾아내기 위해서 한다. 주로 미국스페셜티커피협회(SCAA)에서 정한 규정을 많이 사용한다. 향미의 속성은 프레이그런스Fragrance와 아로마Aroma, 플레이버Flavor, 뒷맛After Taste, 바디감Body, 산미Acidity, 밸런스Balance, 단맛Sweetness, 결점Defect, 클린컵Clean Cup, 균일감Uniformity, 총평Overall으로 구성된다.

커핑은 준비와 평가로 나뉜다. 우선 윗면이 넓은 150~180ml의 흰색 커피 잔(또는 유리컵)을 여섯 개 준비한다. 다섯 개의 잔에 중간볶음도의 원두 약 9g씩 담는다. 커핑 스푼은 오염되지 않도록 빈 잔에 넣어둔다. 잔에 담긴 원두를 핸드드립용 굵기보다 조금 거칠게 분쇄한다.

본격적인 평가를 하기 전에 125쪽 평가 시트의 우측 상단을 주목하자. 6점부터 9.75점까지 해당 점수의 의미가 기술되어 있다. 6점 아래가 없는 이유는 스페셜티 생두에 대한 평가이므로 나쁜 것은 없다는 전제에서 GOOD부터 시작한다고 보기 때문이다. 그러나 균일감, 클린컵, 단맛은 0점부터 시작하고 결점은 -20점부터 0점까지이므로 정반합의 결과물이 커핑임을 알 수 있다.

물을 붓기 전 분쇄한 원두의 마른 향(프레이그런스)을 맡아 해당 칸에 체크한다. 끓인 물을 한 김 식힌 약 90℃의 물을 다섯 개의 분쇄한 커피에 차례대로 붓는다. 물은 넘치지 않을 정도로 꽉 채운다. 이제 커피가 추출되도록 3~4분 동안 기다린다. 이때 중요한 것은 기다리는 동안 스푼으로 휘저으면 안 된다는 점이다.

아로마는 스푼으로 부풀어 오른 원두 크러스트를 밀어내면서 맡는다. 그때 코로 느낄 수 있는 향의 정도를 판단해 점수를 기입한다. 플레이버는 추출된 커피를 스푼으로 떠서 입안에 넣고 입과 코에서 느껴지는 전체적인 향미를 평가한다. 커피를 떠서 입에 넣을 때는 국물을 먹을 때처럼 들이마시지 않고 "스읍" 소리가 날 정도로 빠르게 흡입해 입안 전체에 퍼지도록 한다.

뒷맛은 말 그대로 마시고 난 다음 입안에 남은 미량의 커피에서 느껴지는 것으로 길고 유쾌할수록 좋다. 산도는 입안에서 느껴지는 청량감의 정도를 말하는 것인데 우리가 알고 있는 시큼한 맛은 좋은 산미가 아니다. 바디감은 커피에서 느껴지는 농밀함으로 같은 볶음도라도 생두의 특징에 따라 차이가 있다. 균일감은 다섯 개의 커피가 동일한 커피 맛을 내는가의 여부다. 그 가운데 결점이 있으면 개당 0점 처리하고 없으면 개당 2점을 더한다. 밸런스는 특정한 맛이 두드러지지 않고 조화를 이루는 것으로 커피를 마셨을 때 흔히 맛있다고 말할 때의 느낌이다.

클린컵은 커피를 처음 흡입했을 때부터 목 넘김까지의 전체적인 커피 맛의 깔끔함이다. 좋으면 컵마다 2점을 더하고 나쁘면 컵마다 0점 처리를 한다. 단맛은 설탕처럼 직관적이지 않고 쓴맛 뒤에 오는 달달한 느낌이다. 맛있는 커피를 한 모금 마시면 잠시 후 침이 고이는데 그때 단맛을 경험할 수 있다. 종평은 직관적인 점수로 커피를 맛보고 본인이 생각하는 커피 향미에 대한 평가로 이

▲ 커핑 도구와 원두
▼ 커핑 스푼

루어진다. 결점은 커피를 마셨을 때 느끼는 불쾌함이다. 유일한 감점 요소로 다섯 개의 컵이 모두 감정을 받으면 최저 -10부터 최대 -20점까지다. 감점이 없으면 0점이다.

총 11개 항목에 대한 합이 최종 점수이며, 최저 22점부터 최고 100점까지다. 80점 이상부터 스페셜티 타이틀을 거머쥐게 된다. 점수가 지나치게 후할 경우 객관성이 떨어진다. 커핑의 의미를 살릴 수 있도록 커피를 향한 마음은 따뜻하게, 맛 평가는 냉정하게 하자.

Specialty Coffee Association

Specialty Coffee Association
Arabica Cupping Form

Name: ____________________

Date: ____________________

Table no: ____________________

Quality Scale

6.00 - GOOD	7.00 - VERY GOOD	8.00 - EXCELLENT	9.00 - OUTSTANDING
6.25	7.25	8.25	9.25
6.50	7.50	8.50	9.50
6.75	7.75	8.75	9.75

Sample No.

Roast Level of Sample | Fragrance/Aroma (Score) 6 7 8 9 10 — Dry, Qualities, Break | Flavor (Score) 6 7 8 9 10 | Aftertaste (Score) 6 7 8 9 10 | Acidity (Score) 6 7 8 9 10 — Intensity: High, Low | Body (Score) 6 7 8 9 10 — Level: Heavy, Thin | Uniformity (Score) | Balance (Score) 6 7 8 9 10 | Clean Cup (Score) | Sweetness (Score) | Overall (Score) 6 7 8 9 10 | Defects (subtract) Taint - 2, Fault - 4: # of cups X intensity = | Total Score

Notes: | Final Score

Sample No.

Roast Level of Sample | Fragrance/Aroma (Score) 6 7 8 9 10 — Dry, Qualities, Break | Flavor (Score) 6 7 8 9 10 | Aftertaste (Score) 6 7 8 9 10 | Acidity (Score) 6 7 8 9 10 — Intensity: High, Low | Body (Score) 6 7 8 9 10 — Level: Heavy, Thin | Uniformity (Score) | Balance (Score) 6 7 8 9 10 | Clean Cup (Score) | Sweetness (Score) | Overall (Score) 6 7 8 9 10 | Defects (subtract) Taint - 2, Fault - 4: # of cups X intensity = | Total Score

Notes: | Final Score

Sample No.

Roast Level of Sample | Fragrance/Aroma (Score) 6 7 8 9 10 — Dry, Qualities, Break | Flavor (Score) 6 7 8 9 10 | Aftertaste (Score) 6 7 8 9 10 | Acidity (Score) 6 7 8 9 10 — Intensity: High, Low | Body (Score) 6 7 8 9 10 — Level: Heavy, Thin | Uniformity (Score) | Balance (Score) 6 7 8 9 10 | Clean Cup (Score) | Sweetness (Score) | Overall (Score) 6 7 8 9 10 | Defects (subtract) Taint - 2, Fault - 4: # of cups X intensity = | Total Score

Notes: | Final Score

This form is designed and intended to be used in conjunction with the SCA Protocol for Cupping Specialty Coffee.

WHOLE BEAN 9

블렌딩의 의미와 방법

두 가지의 이상의 원두를 섞는 것을 블렌딩Blending이라 한다. 블렌딩의 목적은 한 가지 원두의 부족한 향미를 보완해 차별화된 커피를 만들고 커피 맛의 손실을 최대한 줄이면서 재료의 원가를 낮추는 데 있다.

생두를 볶기 전에 섞는 것을 선 블렌딩Before Blending, 볶은 후에 혼합하는 것을 후 블렌딩After Blending이라 한다. 전자의 장점은 로스팅을 여러 번 하지 않고 한번에 할 수 있어 시간과 비용을 절약할 수 있다는 것이다. 또한 로스팅 중 여러 원두의 향미가 섞이면서 독특한 매력의 블렌딩 원두를 만들 수 있다. 후자의 장점은 생두 각각의 특징에 맞게 로스팅을 하기 때문에 생두가 가진 풍미를 살릴 수 있다는 것이다. 그리고 블렌딩 후 남은 원두는 싱글 오리진 단품으로 사용할 수 있다.

블렌딩을 하기 전에 몇 가지를 먼저 체크해야 한다. 어떤 커피 맛을 추구할 것인가, 커핑으로 생두의 특징은 파악하고 있는가, 커피 한잔의 원가는 얼마인가 등이다. 묵직하고 쌉쌀한 맛을 낼 것인지 아니면 살짝 산미가 도는 깔끔한 맛인지 정해야 적합한 원두를 선택할 수 있다. 평소 각종 원두에 관한 커핑 데이터를 축적해 두면 도움이 된다. 없다면 필요로 하는 원두를 대상으로 커핑을 해서 정보를 수집해야 한다. 커피 맛을 고려할 때 원가를 생각하지 않을 수 없다. 지나치게 비싼 원두를 써서 역마진이 나거나, 마진이 적어 사업을 계속 영위할 수 없다면 곤란하다.

아무리 좋은 원두라도 다섯 개 이상을 블렌딩하면 예상외로 나쁜 결과가 나올 수 있다. 보통 두 개나 세 개 정도가 적당하고, 웬만하면 네 개를 넘지 않아야 한다. 종류뿐만 아니라 비율도 중요한데, 이 또한 수시로 바꿔가면서 최적의 맛을 찾아야 한다. 개인적으로 에스프레소용으로 블렌딩할 경우, 로스팅 후 최소 열흘 정도 지났을 때 테스트해야 현실적인 결과를 얻을 수 있다.

매장에서 에스프레소용으로 사용하는 블렌딩 원두를 하우스라고 한다. 프랜차이즈마다 다르고 로스터리 카페는 말할 것도 없고 개인 카페도 어떤 블렌딩을 쓰느냐에 따라 다를 수밖에 없다. 보통 하우스 블렌딩은 하나만 쓰지만 매장에 따라 두 가지 이상이 있는 곳도 있다. 물이나 얼음에 어울리는 가볍고 산뜻한 맛을 추구하는 하우스, 우유에 잘 맞는 묵직하고 고소한 맛이 좋은 하우스가 그 예다. 블렌딩을 할 때 하우스를 하나만 쓰는 경우 물이든

우유든 잘 어울릴 수 있는 중성적인 맛이 좋다.

블렌딩 예1. 콜롬비아 수프리모 우일라 30%, 브라질 세하도 NY2 30%, 에티오피아 G2 이르가체페 20%, 케냐 AA 20%의 비율로 후 블렌딩한다. 로스팅은 이르가체페만 강볶음[Full City-French] 하고 나머지는 중강볶음[Full City]을 한다. 산미보다는 풍부한 바디감과 고소한 맛에 집중한 블렌딩이다. 특히 이르가체페는 산뜻한 신맛을 위해 많이 사용하는데 볶음도를 높여 신맛을 누르고 특유의 고소한 맛을 살렸다.

블렌딩 예2. 과테말라 SHB 안티과 50%, 에티오피아 G2 이르가체페 50%의 비율로 블렌딩한 후 둘 다 중강-강볶음[Full City-French] 으로 로스팅한다. 바디감과 쓴맛이 매력적인 과테말라, 산미와 향이 좋은 이르가체페의 장점을 살려 중후한 멋과 고소한 맛을 강조했다. 기분 좋은 쓴맛 뒤에 살짝 혀를 감싸는 단맛이 매력적이다. 역시 이르가체페를 강하게 볶아 신맛보다는 깔끔하면서 고소한 맛을 추구했다. 둘 모두 볶음도가 조금만 달라도 엉뚱한 맛이 날 수 있어 주의가 필요하다.

블렌딩에 정답은 없다. 누가 가르쳐줄 수 있는 것도 아니다. 우선 본인의 취향과 추구하고자 하는 커피 맛을 정한 후 원두의 선택과 배합 비율을 조정하면서 그 간극을 조금씩 줄여나가야 한다.

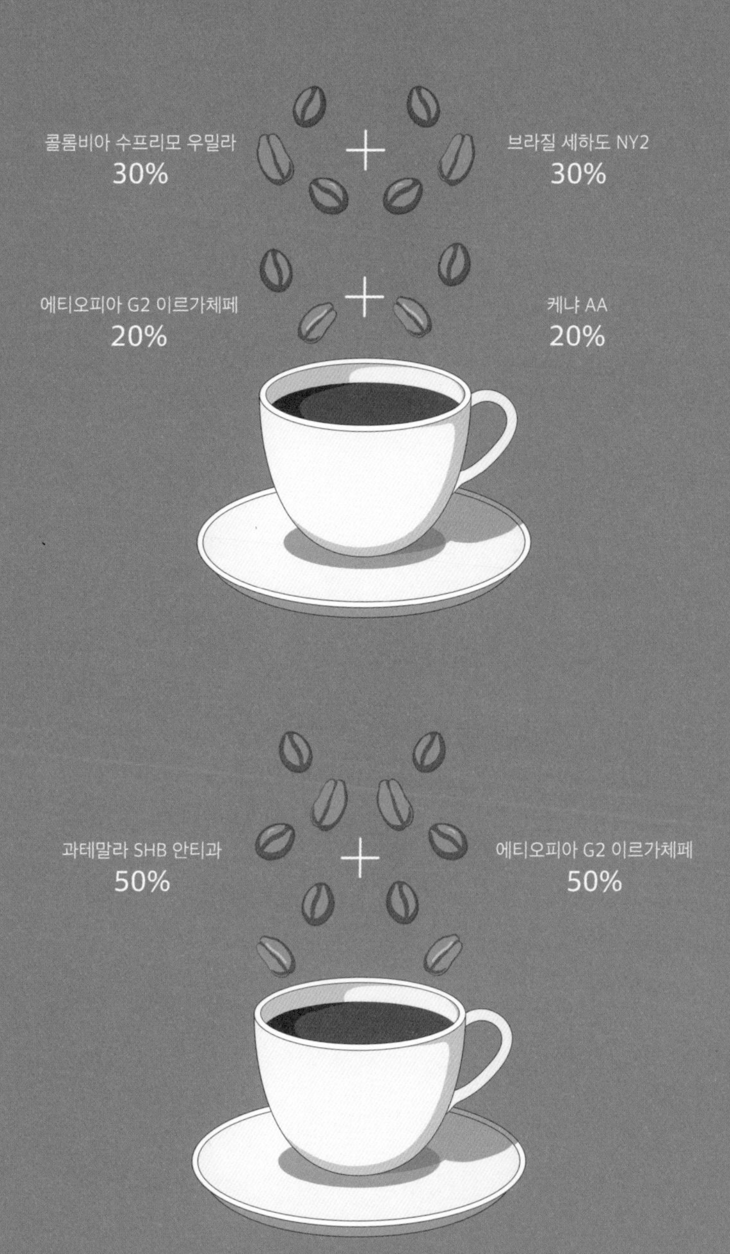
콜롬비아 수프리모 우밀라
30%
브라질 세하도 NY2
30%
에티오피아 G2 이르가체페
20%
케냐 AA
20%
과테말라 SHB 안티과
50%
에티오피아 G2 이르가체페
50%

블렌딩 예

WHOLE BEAN 10

원두의 보관 방법

식품은 시간이 경과할수록 맛과 향이 변하고 결국 섭취할 수 없을 정도로 상한다. 상한다는 것은 크게 산패와 부패로 나눌 수 있다. 산패는 식품에 포함된 지방 성분이 공기 중의 산소와 결합해 지방산이 되는 것을 말한다. 부패는 식품에 있는 미생물이 온도와 습도의 영향을 받아 무한 번식하는 과정 중에 발생한다. 홀빈Whole Bean 상태의 원두가 부패되는 경우는 거의 없다. 다만 산패 시 커피 고유의 향미가 급격하게 손실되므로 보관에 주의해야 한다.

생두 상태에서는 에이징Aging을 하면 수십 년간 보관이 가능하다. 실제 일본에서는 온도와 습도를 조절해 30~40년간 생두를 보관하는 에이징 기술이 있다. 그러나 원두는 향미가 변하는 산패가 진행된다. 인간의 노화와 비슷하다. 20대 중반이 넘어서면 서서히 노화의 과정을 겪는다. 적당한 운동과 식사 조절, 그리고 충분한 휴식으로 노화의 속도를 지연시킬 뿐이지 막을 수는 없다. 결국 우리가 할 수 있는 일은 산패를 막는 것이 아니라 진행 속도를 늦추는 것이다.

원두의 산패는 생산 과정, 유통 과정, 보관과 소비 과정에서 일어난다. 생산 과정에서는 생두를 볶은 후 신속하게 원두를 냉각해 향미의 변화를 최소화하기 때문에 거의 일어나지 않는다. 유통 과정에서의 변화를 최소화하기 위해서는 다양한 포장 방법이 있다. 외부 공기는 차단하고 내부에서 발생하는 가스는 배출하는 밸브 포장, 포장 내부의 공기를 없애는 진공 포장, 산소를 질소로 치환해 제품의 변질을 막는 질소 포장이 그것이다. 커피 맛의 변화는 보관과 소비 과정에서 가장 많이 일어난다.

산패를 늦추기 위해서는 다음을 명심해야 한다. 볶은 후 일주일 미만의 원두를 구매한다. 구매는 약 2주 동안 소비할 만큼만 한다. 구매 후 가능한 2주 내에 소비한다. 되도록 분쇄하지 않은 상태의 원두를 구입한다. 분쇄한 원두는 홀빈보다 표면적이 넓고 수분 흡수도 잘돼 산패가 빨리 진행되므로 가능한 홀빈을 구입한다.

볶은 커피는 시간이 지남에 따라 점점 향미가 상승한다. 일정 시점이 지나면 서서히 감소하고 어느 순간이 지나면 급격하게 떨어진다. 일정 시점은 볶은 후 3주 정도이고 어느 순간은 4주 이후다. 맛과 향을 위해서라면 볶은 후 한 달이 지난 것은 구매하지 않는 것이 좋다.

강볶음한 원두는 그렇지 않은 것에 비해 산패 속도가 빠르다. 현미경으로 원두의 단면을 보면 무수히 많은 미세한 구멍이 있는데 사이사이로 공기가 들어가 산패가 진행된다. 강하게 볶을수록 구멍의 크기가 크고 수도 많기 때문에 산패가 빨리 진행된다. 강볶음한 원두는 함수율이 낮고 기름이 살짝 배어 나온다. 이 또한 공기 중 수분을 잘 흡수하고 기름과 산소가 결합하면서 산패 속도를 증가시키는 요인이 된다.

원두를 보관할 때는 홀빈 상태에서 외부 공기와 햇빛을 차단하고 서늘하고 건조한 곳에서 보관한다. 간혹 원두를 냉장고에 보관하는데 완벽하게 포장한 상태로 냉동실에 보관할 게 아니라면 냉장실은 피해야 한다. 냉장실의 온도는 4~6℃로 신선식품 보관에는 최적이다. 하지만 내부는 습기와 각종 음식물으로 가득하다. 원두를 방습제 또는 방향제로 쓸 게 아니라면 냉장실에 보관하면 안 된다.

▲ 밸브 원두 포장
▼ 원웨이 밸브

WHOLE BEAN 11

유통기한, 소비기한 그리고 맛있는 기한

식품위생법상 유통기한은 식품을 제조 또는 가공하는 업체가 자체 실험을 통해 정한 기한으로 유통업체는 제품을 이 기한까지만 소비자에게 판매할 수 있다. 만약 유통기한을 넘긴 제품을 유통하거나 판매하면 최대 3개월의 영업정지 또는 3,000만 원 이하의 과태료가 부과된다. 식품 제조·가공업체, 유통업체, 그리고 음식점에서 매일 식품의 유통기한을 확인해야 하는 중요한 이유다.

시·군·구청 위생과의 불시점검에서 유통기한 위반으로 적발되는 사례 세 가지를 소개해 보겠다. 우선 유통기한이 지난 제품을 매장에서 사용하다가 적발되는 경우다. 요즘은 인터넷 위생교육과 업주들의 의식재고로 거의 발생하지 않는다. 다음은 평소 거의 사용하지 않는 부재료를 창고에 보관하다가 문제가 되는 경우다. 특히 일부 파우더 제품의 경우 유통기한이 길고 많이 사용하지 않아서 종종 발생한다. 마지막으로 본인이 음용하는 제품의 유통기한이 지난 경우다. 이 부분에 대해 많은 사람들이 잘 모르고 의아해한다. 본인만 사용하는 제품을 냉장고, 매장 내, 창고 등에 보관하더라도 유통기한이 넘은 식품이 발견되면 처벌받을 수 있으니 주의해야 한다.

유통기한의 의미는 식품의 안전을 위해 그 기간까지만 유통을 허용한다는 것일 뿐 그 이후에 먹을 수 없다는 것은 아니다. 유통기한이 지났어도 식품에 따라 먹어도 아무 지장이 없는 경우가 있다. 소비 가능한 제품이 유통기한 때문에 폐기되는 경우가 많아 낭비라는 지적에 등장한 것이 소비기한이다. 이것은 해당 제품을 소비해도 소비자의 건강이나 안전에 이상이 없다는 것을 의미하는 최종시한으로 통상 유통기한보다 길다. 요즘은 제품에 유통기한과 소비기한이 함께 표기돼 유통되기도 한다.

원두의 유통기한은 보통 1년에서 2년이다. 예를 들어 유통기한이 2020년 11월 1일까지라고 표기되어 있다면 볶은 날짜는 2018년 10월 31일이나 2019년 10월 31일이다. 제품 뒷면의 '식품위생법에 의한 한글표시사항'에 볶은 날짜가 표기되어 있지 않다면 언제 볶은 것인지 확인 후 구매하는 것이 좋다. 원두는 다른 가공식품과 달리 제조 후 향미의 변화가 빨리 진행되기 때문에 신선도가 가장 중요하다. 우리가 알고 있는 유통기한이 별 의미가 없는 이유는 6개월이 남았다고 해서 그 원두가 맛을 보장하는 것은 아니기 때문이다.

일부 업체에서는 원두처럼 향미의 손실이 큰 제품의 경우 유통기한보다 엄격한 '맛있는 기한Best Before Dates'을 함께 쓰기도 한다. 예를 들어 원두의 제조일자가 2020년 7월 31일이고 유통기한은 제조일부터 1년이라고 가정하자. 이 제품의 유통기한은 2021년 7월 30일까지다. 소비자가 구입하는 날이 2020년 9월 30일이면 원두는 이미 향미의 손실이 상당히 진행된 상태다. 더욱이 홀빈이 아닌 분쇄한 커피라면 우리가 기대하는 고소하고 그윽한 커피향은 사라지고 영혼 없는 향미와 카페인만 남아 있을 뿐이다.

원두는 즐기는 용도에 따라 맛있는 기한이 다르다. 핸드드립으로 커피를 마시는 경우 볶은 후 2주까지가 좋다. 에스프레소머신으로 추출할 경우 볶은 후 4주까지도 나쁘지 않다. 특히 에스프레소는 볶은 후 최소 일주일은 지나야 맛이 안정된다. 바로 볶은 것보다는 며칠 기다린 후 커피를 즐기면 더욱 맛있는 커피 생활을 할 수 있다.

식품위생법에 의한 한글표시사항

제품명	구대회커피(볶은커피)		
품목보고번호	20130069914		
식품유형	커피		
내용량	☐ 100g ☐ 200g ☐ 250g ☐ 350g ☐ 500g ☐ 1kg		
유통기한	까지		
원재료명 및 함량	커피 100%	원산지	한국
원두의 종류	☐ 콜롬비아 수프리모 우일라 ☐ 브라질 산토스 NY.2 ☐ 케냐AA ☐ 과테말라 안티과 ☐ 에티오피아 이르가체페		
제조사	구대회커피 랩 서울시 마포구 창천로2길 7-3, 1층		
반품처	구입처		
고객상담실	(02)716-8739		
보관방법	실온보관		
내포장재질	알루미늄 PE		

※부정·불량 식품신고는 국번없이 1399

식품위생법 표시사항

WHOLE BEAN 12

간단하게 도전하는 셀프 로스팅

생두를 볶는 것은 생고기를 불판에 굽는 것에 비유할 수 있다. 사람마다 굽는 방법이 다르고 익히는 정도 역시 다 제각각이다. 고기를 굽다 보면 표면이 타기도 한다. 생두를 볶는 것 역시 경험 부족과 수망 로스팅의 특성상 겉이 타거나 생두마다 볶음도가 일정하지 않을 수 있다. 그럼에도 뜨거운 불 앞에서 연기를 마시며 볶은 커피는 평소 로스터리 카페에서 구입한 원두와는 가치와 의미가 다르다.

준비물

수망(中)
콜롬비아 수프리모 우일라 생두 120g
휴대용 가스버너
냉각용 채반
원두 보관통
타이머
내열 장갑
저울

볶음도

중강볶음City Roast

셀프 로스팅

1. 결점두를 핸드픽한 콜롬비아 수프리모 우일라 생두를 준비한다.
2. 생두를 수망에 붓고 평평하게 편다.
3. 가스버너 점화 후 화력을 가장 강하게 조절한다. (화력 10)

4. 불꽃과 수망과의 간격이 약 10~15cm가 되도록 거리를 유지한다. 수망의 손잡이가 금속인 경우 내열 장갑을 낀다.
5. 타이머를 켜고 수망을 한 방향으로만 돌리면서 생두를 볶는다. 볶음도는 육안으로 확인이 어려우니 소리와 냄새로 판단한다. 생두를 볶으면 미세한 소리가 나므로 주변 소음에 신경을 쓴다.

6. 어느 순간 '따닥' 소리가 나다가 원두의 센터 컷이 터지는 1차 크랙(팝핑)이 진행된다. 이때는 '탁탁' 하는 소리가 난다. 이후에는 화력의 세기를 조금 줄여 원두가 타지 않도록 한다.(화력 7)

7. 잠시 후 '짜작' 하는 소리가 나면서 원두 표면의 주름이 완전히 펴지는 2차 크랙(팝핑)이 일어난다.
8. 바로 버너의 불을 끄고 원두를 냉각 채반으로 옮겨 신속하게 냉각한다.
9. 로스팅이 끝난 원두의 질량을 저울로 확인하고 준비한 원두 보관통에 옮겨 담는다. 원두의 질량이 105g이라면 로스팅 중 수분과 커피 성분이 기화한 양은 15g이 된다.
10. 원두 보관통을 완전 밀폐한 후 햇빛이 차단되는 서늘하고 건조한 장소에 보관한다.

변화	화력	시간	질량
로스팅 시작	점화, 최대	0' 0"	120g
옐로 빈	최대	2' 05"	
1차 크랙 (팝핑)	최대의 70%	3' 15"	
2차 크랙 (팝핑)	최대의 70%	4' 20'"	
로스팅 완료	소화	4' 25"	105g

각 단계별 변화, 화력, 시간, 그리고 질량

* 로스팅 환경, 사용하는 화력, 그리고 사람에 따라 시간의 차이가 있다.

카페와 커피 한잔의 의미

사람들은 저마다의 이유로 카페로 향한다. 식사 전후 맛있는 커피를 찾아, 누군가를 만나기 위해, 조용히 자기만의 시간을 보내기 위해 카페에 간다. 요즘은 공부를 하려고 찾기도 한다. 카페는 여느 곳에 비해 사시사철 쾌적하고 안락하며 비싸지도 않다. 카페 내의 적당한 백색소음은 적막한 도서관보다 집중력 향상에 도움을 줘 학습에 더 효과적이라는 보고도 있다.

커피 음료와 인간의 생애주기와는 묘한 상관관계가 있다. 에스프레소는 강렬하고 힘이 넘친다. 반면에 쉽게 식고 맛도 금세 변한다. 이 때문에 에스프레소는 청년기의 커피라 한다. 아메리카노는 여전히 날이 서고 기운이 넘친다. 그럼에도 쉽게 차가워지지 않으며 맛도 제법 오래간다. 장년기가 그렇다. 청년기의 쓰라린 경험과 치기 어린 실수는 장년기 견고함의 자양분이다. 그런 면에서 아메리카노는 장년기의 커피다. 카페라테는 구수하고 부드러우나 커피의 면모도 잃지 않는다. 비록 힘과 기개는 없으나 뜨거우면 뜨거운 대로 식으면 식은 대로 커피의 맛을 잃지 않는다. 삶의 여유와 관조, 그리고 성찰은 노년이 되지 않으면 완성될 수 없는 것이다. 카페라테가 노년기의 커피인 이유다.

커피와 술은 인간의 삶에 지대한 영향을 준다는 점에서 비견되기도 한다. 커피는 쉼표요, 술은 마침표다. 커피는 일을 더 잘하기 위해 마시고 술은 일과 후 지친 몸을 위로하기 위해 즐긴다. 도를 넘어서면 항상 문제가 생긴다. 만취 후 옛 애인에게 전화를 하고 다음 날 머리를 쥐어뜯었던 경험이 있지 않은가. 늦은 밤 커피를 마시는 것은 잠깐의 향미와 온전한 쉼을 바꾸는 것이다.

칸트Kant는 평소 커피와 와인을 즐겼다. 커피에 대해서는 인내심이 부족했던 것으로 전해진다. 커피가 조금이라도 늦으면 불호령이 떨어졌다. 그가 얼마나 커피에 의지했는가를 보여준다. 그에게 술은 하루의 마침표이자 삶의 마지막 순간을 상징하는 것이었다. 그는 숨을 거두기 전, 시종에게 와인 한잔을 청했다. 한 모금을 마시고는 "좋다"라는 말을 남기고 숨을 거두었다. 커피는 그에게 무딘 사고를 깨우는 각성제였으며 와인은 날이 선 정신을 무디게 하는 진정제가 아니었을까.

베토벤Beethoven은 음악만큼 커피에 대해서도 철두철미했다. 그의 비서였던 안톤 쉰들러가 쓴 베토벤 전기에 의하면 그는 평소 커피를 끓이는 데 원두 60알을 사용했다고 한다. 귀한 손님이 오면 60알이 맞는지 두 번 셌다. 그가 커피 한잔을 얼마나 중요하게 여겼는지 엿볼 수 있다. 만약 그가 커피를 사랑하지 않았다면 그토록 아름다운 음악을 세상에 남길 수 있었을까.

카페가 주는 평안함_미코노스의 카페

커피는 쉼이다_다마스쿠스의 카페

카페에서 공부하는 사람을 줄여서 '카공족'이라고 한다. 인류사에 공식적으로 기록된 유명한 카공족이 있다. 그는 애인과 함께 카페에 와서 커피 한잔을 시키고 테이블 두 개를 붙여 책을 읽고 글을 썼다. 한번 앉으면 네 시간은 기본이었다. 이 카페는 변두리에 있는 한가한 곳이 아니었다. 금싸라기 파리 중심가에 위치한, 사람들이 많이 찾는 유명한 장소였다. 카페 주인 입장에서는 그들이 달갑지 않았을 법한데 그는 그들을 귀하게 대했다. 주인공은 21세기 실존주의 철학과 문학을 대표하는 프랑스의 지성, 장 폴 사르트르Jean Paul Sartre와 소설가 시몬 드 보부아르Simone de Beauvoir다. 그들이 머물었던 카페 드 플로르Café de Flore는 두 사람을 언급할 때 빼놓지 않고 등장하며 지금은 더 유명한 장소가 되었다.

주부들은 남편과 아이를 직장과 학교에 보내고 설거지와 청소를 마친다. 오전에 잠깐 카페에 들러 동네 친구들과 수다를 떤다. 이마저도 없다면 그들의 삶은 출구 없는 감옥처럼 답답할 것이다. 출근길 직장인은 어제 마신 술의 숙취와 졸린 눈을 커피 한잔으로 깨운다. 수험생은 졸린 눈을 비비며 카페인의 힘을 빌어 오늘도 공부에 매진한다. 나 같은 사람들은 커피를 팔아 가족을 건사하기도 한다. 이렇듯 커피는 우리 삶 다방면에서 깊숙이 개입하고 있다.

카페는 숲이 부족한 도심에서 허파와 같은 공간이며 커피는 타는 목을 축이고 메마른 정신을 적시는 오아시스 같은 음료다.

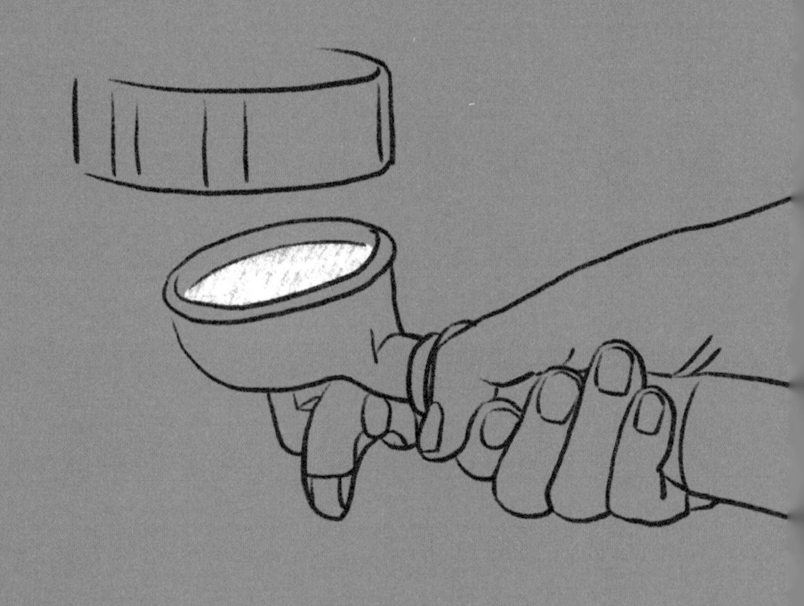

03

EXTRACTION

잘 볶은 원두는 그 자체만으로 향기롭다. 원두를 잘게 분쇄한 후 물로 커피 고형물을 뽑아내는 것을 추출이라고 한다. 추출은 원두의 양과 분쇄도, 물의 양과 온도, 압력, 시간 등의 영향을 받는다. 이 장에서는 추출의 의미와 그라인더의 이해, 그리고 각종 추출법에 대해 알아본다.

EXTRACTION 1

커피 추출의 이해

원두를 분쇄하지 않고 홀빈 상태로 물에 끓이면 어떻게 될까? 과거 커피 추출을 공부하면서 호기심 반 기대 반으로 실험을 했다. 중강볶음Full City Roast의 케냐AA 홀빈 20g을 200ml의 물에 넣어 끓였다. 5분 후 약 75ml의 커피물을 얻었다. 원두가 흡수한 물의 양은 11.2ml였고 113.8ml가 기화했다. 잠시 후 볶음도를 더 높여 강볶음French Roast한 후 더 오래 끓였더니 조금 더 진한 커피물이 나왔다. 그 역시 평소 마시던 커피라기보다는 커피 차에 가까웠다.

흔히 매시Mash라고 하는 '분쇄한 커피 입자'의 크기가 일정할수록 양질의 추출물을 얻을 수 있다. 크기가 너무 작으면 불쾌한 쓴맛이 나고 반대로 너무 크면 향 성분이 빠져 나오지 못해 밋밋한 커피가 된다. 매시의 크기가 일정하고 미분이 없을수록 맛있는 커피를 기대할 수 있다. 또한 매시의 크기는 추출 방법에 따라 달

▲ 홀빈을 물로 끓이기
— 홀빈을 물로 끓인 결과
▼ 홀빈을 물로 끓인 커피 차

라야 한다.

분쇄한 원두에 뜨거운 물을 부으면 그 안에서는 어떤 일이 일어날까. 물은 인력에 의해 크고 작은 커피 입자 사이와 입자 내부를 통과한다. 입자의 크기가 클수록 추출 속도는 증가하고 작을수록 그 반대가 된다. 물의 위치에너지와 압력이 클수록 추출 속도는 빨라지고 작을수록 속도는 느려진다. 물의 온도가 높을수록 운동에너지가 증가하므로 그렇지 않은 물보다 단위시간당 추출양이 증가한다. 즉, 커피 고형성분의 양이 많아진다.

추출에 대한 이해를 돕기 위해서는 몇 가지 개념, 즉 용액, 농도, 수율에 대한 학습이 선행되어야 한다. 용액은 용매와 용질의 합이다. 추출된 커피를 용액이라 한다면 물은 용매이고 용질은 분쇄한 원두다. 농도는 용액 속에 들어 있는 용질의 양을 나타내는 비율로 단위는 mg/L이나 ppm(Parts per Million)을 쓴다. 물(용액) 1L에 A라는 물질(용질)이 1mg 들어 있다면 1ppm이라고 표시한다. 수율收率은 사용한 원두의 양과 커피 속에 녹아든 고형물의 비율로 백분율(%)을 사용한다. 총용존고형량, 즉 TDS(Total Dissolved Solid)는 커피 농도를 의미하며 단위로 ppm을 사용한다. TDS는 같은 양의 고형물이라도 추출량에 따라 달라진다.

예를 들어 20g의 원두로 150ml의 커피를 추출했을 때 1.5g의 고형물이 포함되어 있다고 가정하자. 이때 수율은 7.5%이며, 커피 농도인 TDS는 1이 된다. 만약 같은 양의 원두로 300ml의 커피를 추출했다면, 수율은 변함없이 7.5%이나 농도가 1/2로 줄었으므로 TDS는 0.5가 된다. 추출되는 용질의 양, 즉 커피의 고형 성분이 많을수록 수율은 높아진다. 하지만 고형 성분의 양이 많다고 커피 추출이 잘된 것은 아니다.

커피 농도가 1TDS인 것과 1.5TDS인 것 중에 어느 것이 더 맛있을까? 숫자만 보면 1.5TDS가 진한 커피이므로 추출이 많이 된 것은 사실이지만 맛에 대한 평가는 조금 다를 수 있다. 미국스페셜티커피협회는 TDS가 1.15~1.35인 것을 선호하고 유럽스페셜티커피협회(SCAE)는 1.2~1.45 범위 내에 있을 때 맛있다고 판단한다. 즉, 일정 수준 이상의 TDS는 기관과 사람에 따라 선호도가 다름을 알 수 있다.

단순히 추출 수율로 커피 추출의 결과를 예단할 수는 없다. 다만 원두의 양, 물의 양, 추출 시간, 물의 온도, 추출된 커피의 양이 항상 일정하다고 가정했을 때 커피 맛을 가늠하는 지표로 삼을 수는 있다.

EXTRACTION 2

수동식 그라인더의 종류와 특징

원두는 홀빈보다 잘게 으깬 뒤 표면적을 넓혀서 뜨거운 물로 추출하는 것이 훨씬 효과적이다. 수동식 그라인더는 전동 모터Electric Motor의 도움 없이 온전히 사람의 팔힘으로 작동하는 분쇄기다. 절구, 맷돌, 커피밀 등이 있다.

인류가 원두를 분쇄하기 위해 처음 사용한 도구는 돌절구다. 지금도 에티오피아의 커피 세리머니에서는 볶은 커피를 돌절구에 넣고 나무 공이로 찧어 원두를 잘게 부순다. 가장 저렴하고 고장도 없으며 누구나 쉽게 할 수 있는 수동식 그라인더인 셈이다. 돌절구는 원두가 분쇄되는 것을 육안으로 확인하면서 작업할 수 있다. 힘의 강약으로 분쇄도를 조절한다. 청소가 간편하고 고장이 없으며 부서지지 않는 한 반영구적으로

절구

쓸 수 있다는 장점이 있다.

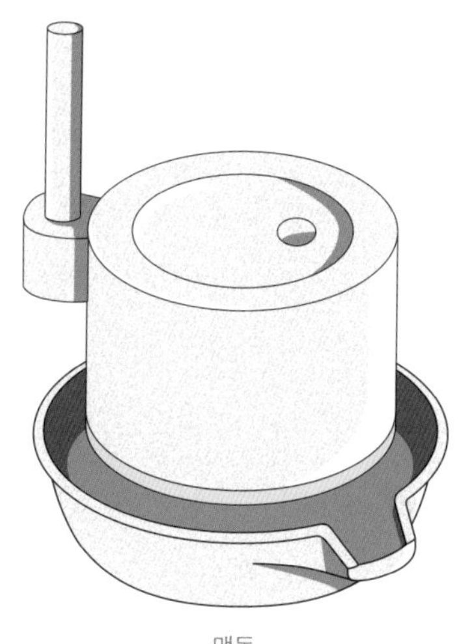
맷돌

맷돌은 콩이나 쌀과 같은 곡물을 갈거나 물에 불린 콩 등을 가는 데 쓰인다. 주로 현무암 같은 돌이나 통나무로 만든다. 구조는 위짝, 숫쇠, 암쇠, 아래짝, 손잡이로 되어 있다. 아래짝에 숫쇠를 박고 위짝에 암쇠를 박아 끼워서 벗어나지 않는다. 숫쇠를 우리말로 어처구니라고 한다. 맷돌이 있어도 어처구니가 없으면 아래와 위가 맞물리지 않고 벗어난다. 아무짝에도 쓸모가 없는 난감한 상황에 처할 때 '어처구니가 없다'라고 한다.

한 방송 프로그램에서 원두를 맷돌에 가는 장면이 방송된 적이 있다. 시청자들은 원두를 맷돌에도 갈 수 있다는 사실을 신선하게 받아들였다. 당시 일부 카페에서는 맷돌로 원두를 분쇄해 핸드드립으로 커피를 추출해서 판매하기도 했다. 원두를 맷돌로 갈면 돌절구보다 훨씬 곱게 분쇄된다. 이를 조절하기 위해서 윗돌 구멍에 원두를 더 많이 넣고 절구를 돌리면 전보다 조금 거칠게 갈린다.

맷돌 역시 사용이 간편하고 고장이 거의 없으며 반영구적이라는 장점이 있다. 다만 절구에 비해 가격이 비싸고 현무암이 아닌 경우 사용하다 보면 아래짝의 바닥이 닳는다. 바닥 홈이 메워지면 돌을 쪼아줘야 하는 불편함이 있다. 간혹 어처구니가 부러지는, 정말 어처구니가 없는 상황을 맞기도 한다.

절구와 맷돌은 여러 장점에도 불구하고 휴대가 어렵고 분쇄도가 일정하지 않다는 단점이 있다. 이를 극복한 가장 이상적인 수동식 그라인더가 커피밀Coffee Mill이다. 흔히 핸드밀이라고도 한다. 작고 가벼워 휴대하기가 좋고 가격도 저렴한 편이다. 사용법이 쉽고 고장이 거의 없으며 관리 또한 편하다.

커피밀은 상부 나사, 핸들, 스토퍼, 금속 와셔, 조절 나사, 플라스틱 와셔, 호퍼, 원형추, 커피받이통으로 구성된다. 호퍼 아래의 금속홈과 원형추의 간격을 조절해 매시의 크기를 바꿀 수 있다. 모카포트부터 핸드드립까지 다양한 용도의 분쇄가 가능하다. 다만 커피밀 역시 미분이 생길 수 있다. 분쇄 후 미분제거용 체에 걸러 아래로 떨어진 것은 버리고 체 위에 있는 원두를 사용하면 불쾌한 쓴맛을 줄일 수 있다.

커피밀

커피밀의 단점은 분해와 조립이 쉽지 않다는 데 있다. 눈썰미와 손재주가 있는 사람에게는 쉽지만 그렇지 않은 사람들에게는 이 역시 난제다. 잡미가 없는 깔끔한 커피 맛을 원한다면 사용한 뒤 매번 분해해서 솔과 마른 행주로 가루와 기름을 털고 닦아주는 것이 좋다. 커피밀 분해 청소를 하지 않는 것은 마치 밥솥에 밥을 한 후 밥통을 씻지 않고 다시 밥을 하는 것과 같다.

EXTRACTION 3

기계식 그라인더의 종류와 특징

사람의 힘이 아닌 전기 모터로 원두를 분쇄하는 것을 '기계식 그라인더(이하 그라인더)'라 한다. 그라인더는 매번 분쇄량을 사람이 조절하느냐 아니면 세팅해 놓은 양이 일정하게 토출되느냐에 따라 반자동과 자동으로 나눌 수 있다. 통상 카페에서는 편의를 위해 두 대의 그라인더를 에스프레소용과 드립용으로 구분해 사용한다.

그라인더를 선택할 때는 일정한 분쇄도, 분당 회전수, 마찰열, 편의성, 날Burr의 수명, 고장 발생 빈도, 부품 수급의 원활성, 호퍼 용량, 디자인, 예산 등을 고려해야 한다. 분쇄도가 일정하지 않다면 다른 기능이 아무리 뛰어나도 그라인더로 자격 미달이다. 굵기 조절에 따라 일정한 분쇄가 가능한 그라인더인지 꼭 확인해야 한다. 분쇄된 원두는 매번 정량으로 토출되어야 한다. 토출 시마다 차이가 크다면 절대 구입하면 안 된다. 디자인은 그럴듯한데 굵기 조절이 번거롭고 어려운 그라인더는 피해야 한다.

분쇄도는 일정한데 RPM(분당회전수, Revolution per Minute)이 낮아 시간이 많이 걸린다면 효율성이 떨어져 적시에 고객 응대가 어렵다. 에스프레소 더블 샷 원두를 분쇄하는 데 A그라인더는 3초가 걸리고 B는 10초가 소요된다고 가정하자. 손님이 적을 때는 아무 문제가 없다. 한 잔당 7초가 더 걸리므로 10잔을 추출할 경우 70초 이상 지체된다. 손님이 몰리는 때에는 시간이 오래 걸린다. 별것 아니라고 생각할 수도 있지만 실제 현장에서는 바리스타에게 큰 스트레스가 된다.

RPM이 높을수록 날에 마찰열이 많이 발생한다. 열은 분쇄된 원두에 전달되어 향미에 좋지 않은 영향을 미친다. 고속회전으로 인한 마찰열을 줄이기 위해서는 쿨링모터가 필수다. 대개 그라인더 내에 쿨링모터가 포함된 것은 고가라 선택에 주저하게 된다. 스페셜티 원두를 쓰는 카페라면 쿨링모터는 필수다.

모든 전자제품이 그렇지만 성능은 좋은데 사용하기 불편한 제품은 사용자의 피로를 유발한다. 결국 업무효율성을 떨어뜨리고 고객 응대 시 문제 유발의 원인이 된다. 조작은 얼마나 간편한지, 전자식이라면 버튼의 응답성은 좋은지 등을 고려해 선택한다.

그라인더의 날은 플랫 버Flat Burrs와 코니컬 버Conical Burrs로 나뉜다. 플랫 버는 평평한 날 두 개가 마주 보고 있는 형태다. 코니컬 버는 원뿔 모양의 수날이 암날에 끼워져 있는 모양이다. 두 종류

그라인더 날의 종류

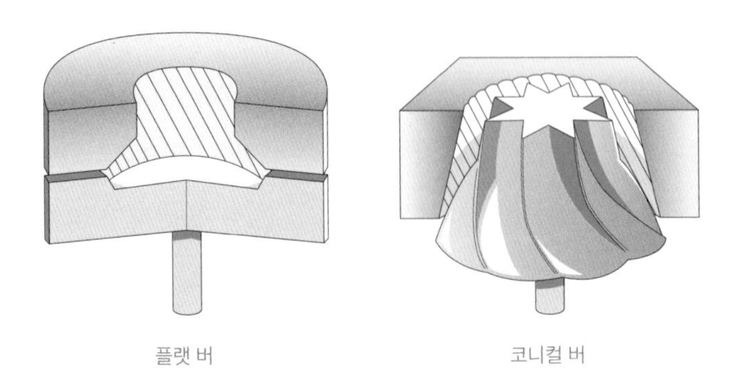

플랫 버　　　　코니컬 버

모두 날의 간격이 좁을수록 분쇄도는 작아지고 간격이 넓을수록 분쇄도는 커진다. 그라인더 날을 조절하는 레버의 숫자와 분쇄도는 비례한다.

날의 크기는 직경 64mm, 75mm를 많이 사용한다. 날의 크기가 클수록 상대적으로 많은 양의 원두를 분쇄할 수 있다. 날은 영구적으로 쓸 수 있는 부품이 아니다. 64mm는 300~400kg의 원두를 분쇄한 후 새 날로 교체하는 것이 좋다. 하루에 1kg의 원두를 쓴다면 64mm가 적당하다. 75mm는 약 500kg의 원두를 분쇄한 후 날을 교체한다. 하루에 2kg의 원두를 소비한다면 75mm를 선택해야 한다.

날의 소재는 스테인리스강과 티타늄이다. 대개 상대적으로 저렴한 스테인리스강을 많이 쓴다. 티타늄은 비싸지만 날의 손상이 적어 오래 사용할 수 있고 분쇄가 더 잘된다는 장점이 있다. 고급 그라인더일수록 티타늄 날을 사용한다.

개인적으로 제품을 선택할 때 가장 중요하게 보는 것이 고장 발생 빈도다. 아무리 성능이 좋은 그라인더라도 고장이 잘 난다면 영업에 큰 지장을 준다. 전기 모터를 쓰는 그라인더가 고장 나는 경우는 크게 두 가지다. 콘덴서Condenser나 모터의 불량이다. 콘덴서가 불량일 경우에 모터는 '웅' 하며 회전을 하나 날에 동력이 전달되지 않아 분쇄가 되지 않는다. 모터가 불량인 경우는 전원만 들어올 뿐 아예 작동을 하지 않는다. 사실 고장 발생 빈도는 처음 그라인더를 구입하는 입장에서는 알 수 없기 때문에 많이 팔린 제품을 선택하는 것이 좋다.

지금까지 그라인더를 사용하면서 가장 스트레스를 받은 것은 부품을 구할 수 없어 제때 수리하지 못한 것이었다. 다행히 그라인더가 여러 대 있어 다른 것으로 대체했지만 다시는 그 제품을 구매하지 않는다. 특히 마이너 회사의 제품이 그렇다. 집에서 사용하는 것은 큰 문제가 안 된다. 하지만 카페 같은 영업장에서는 에스프레소머신 고장 다음으로 큰 골칫거리다.

분쇄하지 않은 원두를 저장하는 호퍼Hopper 용량도 눈여겨봐야 한다. 에스프레소 용도로 사용하는 메인 그라인더의 경우 호퍼 용량이 1kg 미만이면 수시로 원두를 채워야 하기 때문에 번거롭다. 호퍼의 용량은 1.5kg 정도인 것을 선택하는 것이 좋다. '보기 좋은 떡이 먹기에 좋다'는 속담은 그라인더에도 적용된다. 같은 성능이라면 에스프레소머신과 색상을 맞추거나 매장 인테리어와 어울리는 제품이 좋다.

마지막으로 본인의 예산을 고려해야 한다. 500~600만 원의 에스프레소머신을 구입했다면 그라인더는 100만 원 선이 어울린다. 1,000만 원 정도의 머신을 선택했다면 그라인더는 100~200만 원대가 궁합이 맞는다. 카페 기계를 구입할 예정이라면 전체 기계 예산에서 각 제품마다 예산 분배를 적절하게 해야 한다. 만약 그라인더 예산이 부족하다면 발품을 팔아 중고 제품을 고려하는 것도 대안이다.

그라인더 청소를 게을리하면 내부에 남아 있는 분쇄된 원두와 기름이 산패되어 커피 맛에 악영향을 끼친다. 호퍼는 매일 마감 때 청소하고 분쇄한 원두를 보관하는 도저는 사용한 뒤 수시로 청소하는 것이 좋다. 날은 매일 청소하기 어려우므로 일주일에 한 번 정도 분해 청소를 하자. 그것도 여의치 않으면 그라인더 청소 약품을 사용해 커피 기름을 제거하는 것이 좋다.

EXTRACTION 4

물의 종류와 특징

지구 표면의 71%는 물로 덮여 있다. 신기하게도 인간의 몸도 70%가 물이다. 지구 전체의 물은 바닷물이 97.2%, 육지의 물이 2.8%다. 육지의 물 가운데 70%는 빙하고 나머지 30%만이 지하수, 강, 호수, 하천 등으로 존재한다. 그 30% 가운데 지하수의 비율은 약 98.5%다. 실제 우리가 이용하는 지상의 물은 지구 전체의 물 가운데 0.012%밖에 되지 않는다. 그럼에도 물은 공기와 더불어 인간이 살아가는 데 없어서는 안 될 가장 중요한 물질이다.

물의 특징은 무색, 무취, 무미하다는 것이다. 무색, 무취에는 어느 정도 공감하나 무미하다는 것에는 동의하기 어렵다. 물 소믈리에가 아니더라도 우리는 경험으로 물맛이 다르다는 것을 알고 있다. 지금은 많이 없어졌지만 어릴 적 산에 가면 약수터가 꽤 많았다. 한여름에도 얼음장처럼 차가운 물이 솟아나곤 했다. 약수는 수돗물과는 천양지차로 달랐고 마트에서 파는 생수와도 달랐다.

물은 기압이 1인 상태에서 100℃에 끓고 0℃에 언다. 높은 산에 올라가 라면을 끓이면 설익는 이유다. 물은 100℃ 이상에서는 기체가 되고 0~100℃에서는 액체 상태로 존재하며 0℃ 이하에서는 고체 상태가 된다. 물 분자(H2O)는 수소원자 두 개와 산소원자 한 개로 이루어져 있지만, 그 안에는 칼슘(Ca), 마그네슘(Mg), 나트륨(Na) 등 다양한 무기물질이 포함되어 있다. 특히 칼슘, 마그네슘의 함량은 물을 연수, 중경수, 경수로 구분하는 지표가 된다. 연수(단물)는 물 1L 속에 칼슘과 마그네슘 함량이 100mg 이하일 때다. 101~300mg까지는 중경수, 300mg을 초과하는 것은 경수(센물)라 한다. 지하수로 머리를 감으면 물에 무기물질이 많아 머리카락이 뻣뻣해진 경험이 있을 것이다. 경수의 영향 탓이다.

물의 무기물질은 커피 맛에 어떤 영향을 미칠까? 칼슘은 커피의 유기산과 결합해 좋은 신맛을 중화시킨다. 특히 산미를 좋아해 중간볶음의 스페셜티 원두를 핸드드립으로 추출해 마신다면 생수 가운데 칼슘의 함량이 낮은 물을 선택하는 것이 좋다. 마그네슘과 칼륨(K)은 부드러운 물맛에 영향을 미친다. 물 가운데 두 성분이 많은 것을 선택하면 좋다. 다만 미국스페셜티커피협회에서는 칼슘과 마그네슘의 함량이 50mg/L 정도인 물을 권장한다. 다행히 지하수를 제외하고 생수, 수돗물, 정수의 칼슘과 마그네슘 함량은 기준치 이하다.

수돗물은 싸고 편리하고 깨끗하지만 염소(Cl) 특유의 소독약 냄새 때문에 꺼려진다. 실제로 잔류 염소가 0.3mg/L 이상이면 커피의 향기 성분을 산화시킨다는 보고가 있다. 서울 아리수는 잔류 염소가 평균 0.5mg/L 이상이다. 향 손실이 없는 커피를 원한다면 물을 받아 하루 정도 지난 뒤 사용하거나 한 번 끓인 후 사용하면 좋다.

차茶를 좋아하는 사람들은 물에도 엄격하다. 본인의 기호에 따라 특정 브랜드의 생수만 사용하거나 두 종류 이상의 물을 섞어 마시기도 한다. 마시는 차의 98% 이상이 물이니 어쩌면 당연한 일이다. 커피도 이제 물에 신경을 써야 한다. 물맛이 있다고 커피 맛이 좋아질 리 만무하지만 물맛이 나빠서는 맛있는 커피를 기대할 수 없다.

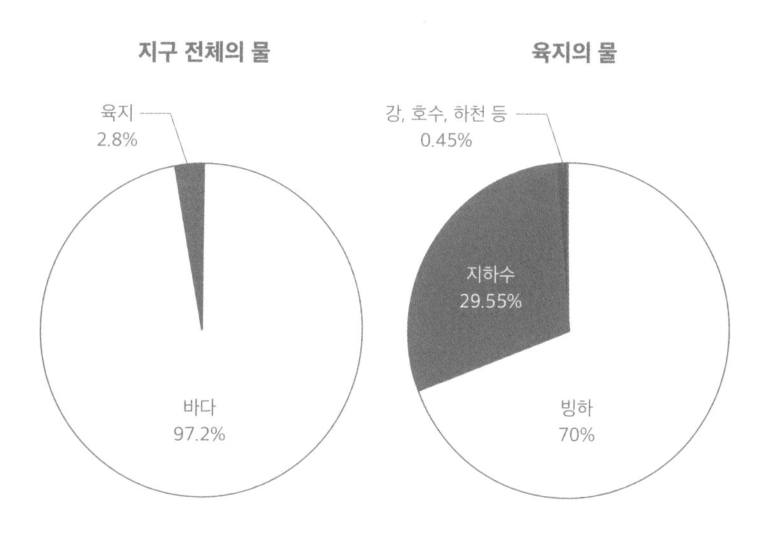

EXTRACTION 5

온도에 따른 커피 맛의 차이

푹푹 찌는 한여름에 들이키는 시원한 아이스 아메리카노, 손이 꽁꽁 얼 것 같은 엄동설한에 입으로 '호호' 불며 마시는 따뜻한 카페라테, 생각만 해도 기분이 좋아진다. 반대로 얼음이 다 녹은 이름만 아이스인 음료, 데우다 말았는지 미지근한 카페라테를 받아 든 손님의 표정은 생각만 해도 아찔하다. 설상가상으로 두 메뉴의 온도가 바뀐다면 어떻게 될까? 같은 음료임에도 불구하고 만족감은 완전히 달라질 것이다. 기온과 기후에 어울리는 음료의 온도는 맛만큼이나 신경을 써야 할 부분이다.

아이스 커피는 에스프레소에 냉수나 우유, 그리고 얼음을 넣어 만들기 때문에 여간해서는 온도 조절이 쉽지 않다. 더위를 식히기 위해서 혹은 얼죽아(얼어 죽어도 아이스) 마니아에게 음료의 온도는 차가울수록 좋다. 뜨거운 음료의 경우 얘기가 좀 달라진다. 특히 뜨거운 아메리카노는 계절마다 혹은 기후의 변화에 따라 물의 온도를 달리하면 좋다. 음료의 맛도 한결 나아지고 더불어 고객의 만족도도 올라간다.

카페에는 뜨거운 물을 공급하는 온수공급기Hot Water Dispenser를 한 대씩 구비하고 있다. 대개 1년 내내 같은 온도(예: 95℃)로 설정해 사용하는데, 이 부분은 재고가 필요하다. 특히 95℃처럼 아주 뜨겁게 설정하고 아메리카노를 만들어 고객에게 제공하는 경우가 문제다. 음료의 온도가 너무 뜨거워 커피의 맛을 느낄 수도 없을뿐더러 자칫하면 화상까지 입을 수 있어 위험하다. 90℃를 초과하지 않도록 온도를 다시 맞추는 것이 좋다.

카페나 집에서 커피를 희석하기 위한 물의 온도는 80℃, 85℃, 90℃, 세 가지만 기억하면 된다. 추운 겨울에는 90℃가 좋지만 한여름에는 80℃가 적당하다. 온도라는 것은 상대적이기 때문에 무더운 여름의 80℃는 추운 겨울의 90℃ 정도로 다가온다. 실제 80℃ 정도면 에스프레소와 섞여 음료 온도가 살짝 떨어지기 때문에 바로 마시기에도 적당하다. 봄과 가을에는 85℃를 추천한다. 겨울에서 봄으로 들어가는 길목인 3월이나 여름을 지나 긴 팔과 재킷이 눈에 띄기 시작하는 10월 중순에 어울리는 온도다. 지난 10여년 간 이 원칙을 지키고 있는데 고객들의 평가가 좋았다. 간혹 더 뜨거운 음료를 원하는 손님이 있다면 별도로 물을 끓이거나 에스프레소머신의 온수를 쓰면 된다.

커피의 쓴맛과 온도는 대체로 비례하고 신맛과 온도는 반비

▲ 온수공급기
▼ 에스프레소머신의 온수

례하는 경향이 있다. 원두의 볶음도가 높아 쓴맛이 강하다면 물의 온도를 80℃ 정도로 맞추면 쓴맛을 살짝 떨어뜨릴 수 있다. 반대로 중간볶음 이하의 원두에서 느껴지는 신맛이 불편하다면 물의 온도를 90℃로 높이면 신맛을 살짝 누를 수 있다. 이 방법은 핸드드립을 할 때도 유용하다. 그렇다고 물의 온도를 95℃로 높이거나 75℃로 이하로 떨어뜨리면 오히려 커피의 복합적인 향미를 느낄 수 없으므로 주의하자.

물의 온도가 커피의 근본적인 맛까지 바꿔주지는 않는다. 다만 커피 본연의 좋은 향미를 돋보이게 하고 부족한 부분은 살짝 감출 수 있으니 상황에 맞는 적정 온도를 기억하면 좋다.

EXTRACTION 6

연수기와 정수기는 필요한가

이전에는 음식점에서 수돗물이나 지하수를 직수로 끌어서 음식을 조리했다. 기껏해야 홀에 정수기를 놓고 손님들이 마시도록 할 뿐이었다. 옛날보다 수돗물이 더 깨끗해졌지만 요즘은 주방에도 정수기를 설치해 음식을 만들 때 사용하는 업소가 늘고 있다. 카페는 물에 가장 엄격해야 하는 휴게음식점이다. 커피 한잔은 98% 이상이 물이고 에스프레소머신을 비롯해 각종 커피 기계들은 물의 특정 무기물질에 취약하기 때문이다.

지리적인 특성상 수도가 들어오지 않아 불가피하게 카페에서 지하수를 쓰는 경우 연수기 설치는 필수적이다. 지하수는 경수(센물)로서 칼슘, 마그네슘 등 여러 무기물질이 다량 포함되어 있다. 연수기는 양이온교환수지 과정을 거쳐 경수를 연수(단물)로 만드는 장치다. 한번 설치하고 관리만 잘하면 반영구적으로 사용할 수 있다. 양이온교환수지는 연수기에 공급되는 물의 성분 중 칼슘과 마그네슘을 이온교환으로 흡착·제거하는 것이다. 일정량의 연수를 생산하면 이온교환반응의 효율이 떨어진다. 일정량의 소금을 넣어 세척해 주면 예전처럼 다시 사용이 가능하다.

섬이나 바닷가에 위치한 카페에서 에스프레소머신을 사용하려면 연수기는 물론이고 반드시 정수기까지 설치해야 한다. 그렇지 않으면 기계 내부의 좁은 관에 스케일이 많이 쌓여 고장의 원인이 되고 결국 기계의 수명을 단축시킨다. 핸드드립이나 프렌치프레스처럼 기계를 쓰지 않더라도 '물의 종류와 특징'에서 언급한 것처럼 커피의 좋은 신맛을 저해하고 떫은맛이 날 수 있어 연수를 쓰는 것이 좋다.

정수기는 물의 성분 중 사람이 음용하기에 적합하지 않은 불순물을 물리적·화학적 방법으로 걸러내는 장치다. 형태에 따라 수도꼭지에 직접 연결하는 직수형과 정수통의 필터를 통과하는 저장형이 있다. 세균의 번식 등을 고려하면 직수형이 좋으나 별도의 저수탱크가 없어 냉온수 사용을 위해서는 별도의 용기가 필요하다. 저장형은 직결형의 단점은 없으나 저장 중에 세균이 번식할 수 있다는 우려가 있다.

정수 방식은 필터의 종류에 따라 역삼투압Reverse Osmosis, 중공사막Ultra Filtration, 활성탄Active Carbon 등으로 구분한다. 국내에 보급된 정수기의 대부분은 역삼투압 방식을 많이 사용한다. 이 방식은

막 표면의 기공이 0.001㎛로 사람 머리카락 굵기의 100만 분의 1 크기만큼 작아 바이러스, 대장균, 각종 무기물질 등을 차단한다. 하지만 사람에게 유익한 무기물질까지 모두 걸러내 증류수에 가깝다 보니 밋밋한 물맛이 난다. 정수물의 pH가 7 이하로 인간의 몸 pH7.3보다 약산성화되어 건강에 좋지 않으며 정수 필터를 자주 갈아줘야 한다는 단점이 있다. 그럼에도 지하수에는 반드시 역삼투압 방식의 정수기를 설치해야 한다.

중공사막은 신장투석을 위해 발명된 필터를 물을 걸러내는데 적용한 것이다. 기공이 0.01㎛ 정도로 작아 각종 세균은 걸러내고 무기물질은 통과시킨다. 저렴하고 시간당 정수량이 많아 가정에서 많이 쓰인다. 다만 필터 교체 주기가 짧고 지하수나 배관이 노후된 곳에서는 적합하지 않다.

활성탄은 기공이 0.2㎛로 인간에게 유익한 무기물질은 통과시키고 유해 미세입자는 제거할 수 있는 정수 방식이다. 다만 세균과 박테리아 등을 걸러내지 못하는데 자외선램프를 달면 99.99% 제거 가능하다. 활성탄은 비릿한 물내나 각종 보이지 않는 색소까지 흡착하기 때문에 역삼투압보다 물맛이 한결 낫다. 하지만 지하수에는 적합하지 않다.

정수 필터는 에스프레소머신, 제빙기, 식수 등 용도에 맞게 선택해야 한다. 필터 제품마다 정수할 수 있는 최대 용량이 표시되어 있다. 1일 사용량을 확인한 후 교체 시기를 놓치지 않아야 정수 효과를 볼 수 있다. 필터헤드에 장착 후 분리한 필터는 재사용할 경우 정수 효과가 떨어지므로 주의해야 한다. 최대 용량 사용 전이라도 1년 이상 사용한 필터는 교체를 해줘야 건강과 커피 맛 유지에 도움이 된다.

EXTRACTION 7

핸드드립 기구의 종류와 특징

핸드드립Hand Drip과 푸어오버Pour Over, 보다시피 언어상으로는 완전히 다른 말인데 행위는 유사하다. 모두 손으로 드립포트를 잡고 분쇄한 원두 위에 물을 떨어뜨려 커피를 추출하는 방법이다. 그러나 둘을 완전히 같다고는 볼 수 없다. 핸드드립은 교반Stirring(휘젓기)과 침지Immersion(물에 담가 적심)가 없는 반면 푸어오버는 있거나 없을 수도 있다. 우리말로 손흘림 커피(이하 핸드드립)를 동양에서는 핸드드립이라 하고 서양에서는 푸어오버라고 한다.

문헌상으로 핸드드립 커피는 1908년 독일의 멜리타 벤츠 여사가 추출 기구와 방법을 고안하고 특허를 냄으로써 세상에 알려졌고 이후 추출법이 일본에 전해졌다. 그들 특유의 집요함, 모방 그리고 개선改善(카이젠)이 새로운 드리퍼와 필터를 만들고 드립법을 고안했다. 1980년대 국내의 몇몇 커피인이 일본에서 핸드드립을 배워 한국에 도입하였다.

핸드드립을 위해서는 드립포트, 서버, 드리퍼, 필터가 필요하다. 드립포트는 황동이나 스테인리스강으로 된 것을 쓴다. 물줄기를 섬세하게 조절하기 위해 주둥이가 휘어지고 끝이 날카롭게 커팅된 것이 특징이다. 서버는 추출된 커피를 담는 용기다. 양을 측정하고 맛을 유지하기 위해 손잡이를 제외하고는 투명한 열경화성 유리 소재로 되어 있다. 드리퍼는 필터를 받쳐주는 추출 기구다. 구멍이 한 개부터 세 개까지 뚫려 있으며 플라스틱, 황동, 도자기로 만든다. 필터는 커피를 거르는 것으로 종이, 헝겊, 그리고 금속망으로 된 것을 쓴다.

어떤 필터를 사용하느냐에 따라 페이퍼드립(이하 페이퍼)과 넬드립(이하 넬)으로 나눈다. 페이퍼는 표백 유무에 따라 펄프와 표백지로 나뉜다. 펄프는 인체에 무해한 반면에 예민한 사람은 나무 맛이 느껴진다고 꺼린다. 이를 개선한 것이 표백지인데 약품 처리를 해서 호불호가 갈린다. 페이퍼의 특징은 커피 기름을 걸러줘 맛이 깔끔하고 한 번 쓰고 버리면 되므로 관리가 간편하다. 반면에 몽글몽글하고 묵직한 커피 맛을 내기에는 미흡

핸드드립 기구

하다. 넬드립은 융드립으로도 많이 알려졌다. 소재의 특성상 커피 기름까지 추출해 진하고도 부드러운 특유의 풍미가 있다. 다만 사용 후 세척이 번거롭고 관리가 쉽지 않다. 40~50회 사용 후에는 새것으로 교체해야 한다.

드리퍼는 모양, 립[Lib] 형태, 추출구 수, 추출구 크기에 따라 칼리타, 멜리타, 고노, 하리오로 구분한다. 칼리타는 역사다리꼴 모양에 상단부터 하단까지 립이 촘촘하게 뻗어 있다. 세 개의 추출구가 있으며 추출구의 크기는 5mm이다. 멜리타 역시 칼리타처럼 역사다리꼴 모양에 상단부터 하단까지 립이 촘촘하게 뻗어 있다. 다만 추출구의 수는 한 개고 추출구의 크기는 3mm이다. 고노는 원추형 모양에 중간부터 하단까지 립이 듬성듬성 나 있다. 한 개의 추출구가 있으며 추출구의 크기는 15mm이다. 하리오는 원추형 모양에 상단부터 하단까지 립이 촘촘하게 곡선으로 뻗어 있다. 추출구의 수는 한 개고 추출구의 크기는 18mm로 넷 중에서 가장 크다.

고노와 하리오는 추출구의 크기가 커서 물 빠짐이 좋다. 많은 양의 커피와 부드러운 커피 맛을 내기에 수월하다. 칼리타와 멜리타의 차이는 무엇보다 추출구의 수다. 멜리타는 추출 속도가 늦어 자칫하면 불쾌한 쓴맛이 날 수 있어 초보자에게는 칼리타가 낫다. 이것은 어디까지나 추출구의 수와 크기에 따라 구분한 것이다. 추출하는 사람의 숙련도와 원두 종류, 상태에 따라 맛의 차이가 날 수 있다.

핸드드립

EXTRACTION 8

핸드드립 기초와 드립법

세상에서 커피를 가장 맛있게 추출하는 방법은 핸드드립이다. 반면에 가장 맛없는 커피도 핸드드립에서 나온다. 기계의 도움 없이 사람의 손으로만 커피를 내리기 때문에 결과물은 사람에 따라 천양지차다. 여타의 추출법에 비해 사람의 정성이 더 많이 들어가며 추출 과정 자체도 멋스럽다는 점에서 매력적이다.

핸드드립은 물을 따르는 모양과 접촉면의 크기에 따라 나선형, 동전형, 점으로 구분한다. 위 세 가지 드립법은 다시 드립포트의 물을 추출 중간에 끊어주느냐 혹은 끊지 않느냐로 나눌 수 있다. 묵직한 커피 맛을 강조하려면 끊어서 하고 좀 더 부드러운 목넘김을 원한다면 끊지 않는 것이 좋다.

드립법의 종류에 관계없이 공통적으로 수행되는 과정이 있다. 시간순으로 나열하면 원두의 선택, 1mm 내외로 분쇄하기, 드리퍼에 필터 고정, 분쇄한 원두 레벨링, 물 끓이기, 서버 데우기, 뜸 들이기, 추출하기다.

분쇄도가 지나치게 작거나 크면 추출 속도가 기준보다 느려지거나 빨라져 커피 맛에 나쁜 영향을 미친다. 기계식 드립 그라인더는 분쇄도가 표시되어 어렵지 않으나 핸드밀은 연습을 통해 분쇄도 조절법을 익혀야 한다. 분쇄한 원두를 필터에 붓고 평평하게 하는 것을 레벨링Leveling이라 한다. 도로가 고르지 않으면 차량 운행에 방해가 되는 것처럼 추출에서도 레벨링은 필수적이다.

끓는 물을 드립포트에 부어 원하는 온도에 이를 때까지 기다린다. 95℃가 넘으면 불쾌한 쓴맛이 나고 75℃ 이하는 떫은맛이 나기 때문에 주의해야 한다. 뜸을 들이는 이유는 분쇄한 원두를 불려 추출을 준비하고 미리 추출할 길을 만들기 위함이다. 목욕탕에서 때를 밀기 전에 뜨거운 물에 때를 불리는 이유와 같은 이치다.

핸드드립을 잘하기 위해서는 세 가지가 일정해야 한다. 분쇄한 원두에 붓는 물의 양, 드립포트의 회전 속도, 드립포트와 분쇄한 원두 사이의 간격이 그것이다. 추출량은 분쇄한 원두의 7.5배, 10배, 15배 등 본인이 선호하는 농도에 따른다. 예를 들어 케냐 AA 20g으로 7.5배를 추출한다면 150ml가 된다.

나선형 드립법(종이필터, 칼리타 드리퍼)은 분쇄한 원두에 나선형 코일 모양으로 물을 붓는다고 해서 붙여진 이름이다. 분쇄한 원두의 중심에서부터 바깥으로 3~4개 코일을 끊지 않고 그린 후, 반대로 바깥에서부터 중심으로 2~3개의 코일을 끊지 않고 그리면 된다. 다만 물을 부을 때 코일을 겹쳐 그리지 않는 것이 좋으며 바깥의 마지막 코일은 분쇄한 원두의 1cm 안쪽에 위치하게 한다. 너무 바깥으로 물을 부으면 드리퍼의 립Lib을 따라 물이 흘러 밋밋한 커피 맛이 나거나 물이 드리퍼 밑에 고일 경우 추출이 원활하지 않아 불쾌한 쓴맛의 원인이 된다.

20g의 원두로 200ml를 추출하는 경우 물줄기를 끊느냐 그렇지 않느냐에 따라 약 20초의 추출 시간의 차이를 보인다. 드립포트의 물줄기를 3~4회 끊어서 추출하면 뜸 들이기 30초와 본격적인 추출에 2분이 소요되어 전체 추출 시간은 약 2분 30초가 된다. 만약 드립포트의 물줄기를 끊지 않고 추출을 마친다면 전체 추출 시간은 약 2분 10초로 20초가 줄어들어 좀 더 부드러운 커피 맛을 낼 수 있다.

동전형 드립법(종이필터, 칼리타 드리퍼)은 분쇄한 원두에 500원 동전 크기를 벗어나지 않게 물을 붓는다 하여 붙여진 이름이다. 추출 방법은 나선형과 같으나 코일의 크기가 작아 나선형을 충분히 연습한 후에 도전하는 것이 좋다. 드립포트의 물줄기 굵기를 가능한 가늘게 하되 끊어지지 않게 해야 한다. 동전형은 나선형에 비해 섬세한 커피 맛을 표현할 수 있으나 높은 숙련도를 요하고 노력에 비해 성과가 잘 나오지 않아 많이 좌절한다. 특히 갓 볶은 원두는 드립법의 특성상 코일 간격이 좁아 물을 부으면 일정한 모

뜸 들이기와 드립법

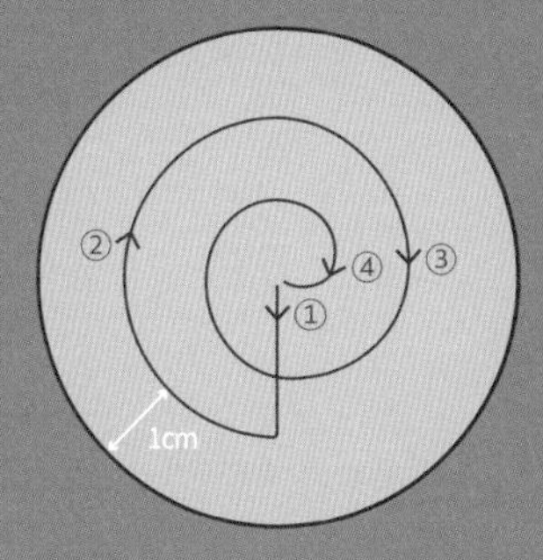

뜸 들이기
세 가지 드립 공통

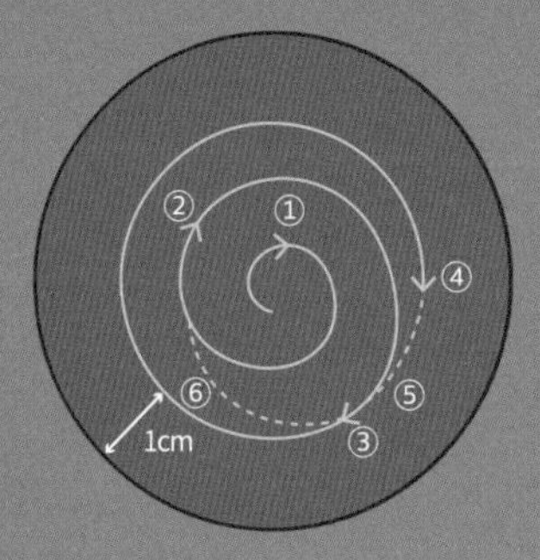

나선형 드립
①→②→③→④→⑤→⑥→②→① 반복

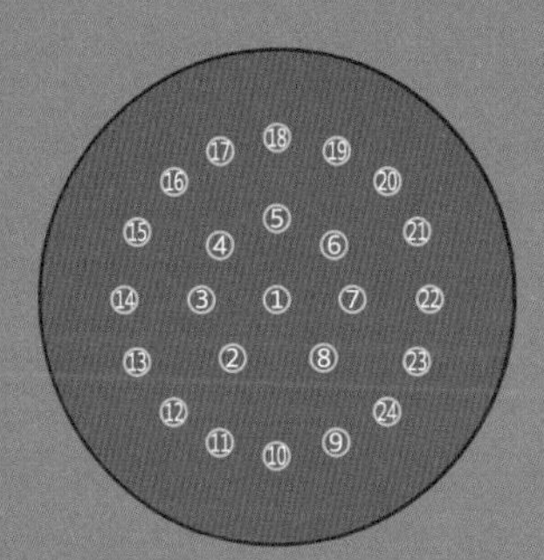

점 드립
①~㉔→⑧→①~㉔ 반복

동전형 드립
①→②→③→④→⑤→③→②→① 반복

양 유지가 안 돼 동전형 드립을 하기에 좋지 않다. 갓 볶은 원두로 동전형 드립을 잘하려면 드립포트의 물줄기를 최대한 가늘게 유지하고 회전 속도를 가능한 느리게 하면 좋다. 전체 추출 시간은 나선형 드립법과 큰 차이가 없다.

점 드립법(종이필터, 고노 드리퍼)은 드립포트의 물줄기가 끊길 듯 말 듯 물을 따르는 방법으로 분쇄한 원두 위에 물방울로 점을 찍는다 하여 붙여진 이름이다. 어떤 면에서는 더치커피의 점적식과 비슷한 점이 있다. 그러나 상온의 물이 아닌 뜨거운 물을 붓는다는 것과 추출 시간이 훨씬 짧다는 점에서 차이를 보인다. 역시 나선형과 방법은 같으나 드립포트의 기울기를 미세하게 조절한다는 점에서 큰 차이를 보인다. 전체 추출 시간은 뜸 들이기 30초를 포함해 6분 30초~7분 내외다. 앞의 두 드립법과 달리 약 70~100ml만 추출한다. 추출 후 바로 마시거나 농도가 너무 진한 경우 뜨거운 물을 희석하기도 한다.

이상의 세 가지 드립법 가운데 어떤 것이 더 우수하고 좋다고 말하기는 어렵다. 좀 수월하게 핸드드립을 하고 싶다면 나선형 드립법이 좋다. 농밀하고 쓴맛이 좋은 커피를 원한다면 점 드립법이 낫고 섬세하고 깔끔한 맛을 선호한다면 동전형 드립법이 어울린다. 세 가지 모두를 잘하려고 하지 말고 본인에게 맞는 드립법을 골라 꾸준히 연습하는 것이 좋다.

핸드드립의 기본

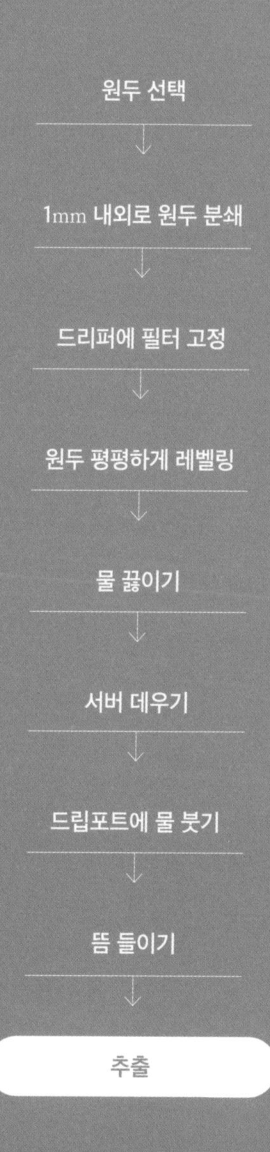
원두 선택
1mm 내외로 원두 분쇄
드리퍼에 필터 고정
원두 평평하게 레벨링
물 끓이기
서버 데우기
드립포트에 물 붓기
뜸 들이기
추출

EXTRACTION 9

핸드드립의 3단계

"말을 한다고 대화를 하는 것이 아니며 대화를 한다고 해서 소통이 되었다고 할 수 없다." 현자의 격언은 아니고 커피를 하면서 느낀 바를 정리한 말이다. 이 문장은 핸드드립에도 적용된다. 분쇄한 원두에 물을 붓는다고 추출이 아니며 추출을 했다고 해서 맛있는 커피가 되었다고 할 수 없다.

핸드드립은 항상 3단계를 겪으며 각 과정에 충실해야 한잔의 맛있는 커피가 완성된다. 1단계는 그리기다. 나선형, 동전형 그리고 점 드립법에 관계없이 뜨거운 물로 분쇄한 원두 위에 그리기를 잘해야 한다. 이는 드립포트를 잘 다뤄야 한다로 바꿔 말할 수 있다. 섬세하게 드립포트의 각도를 조절함으로써 물의 양을 자유자재로 다룰 수 있어야 한다. 치수治水를 잘해야 핸드드립도 잘할 수 있다.

과거 골프 레슨을 받을 때 가장 많이 들었던 말은 '힘을 빼라'

였다. 말이 쉽지 볼을 멀리 쳐야 하는데 어떻게 힘을 뺄 수 있다는 말인가. 지금도 빼지 못하고 있다. 드립포트를 잡을 때도 손잡이를 꽉 잡지 말고 힘을 뺀 채로 가볍게 감아야 한다. 초보자뿐만 아니라 커피를 오랫동안 한 분들도 드립포트를 강하게 잡는데 이건 잘못된 그립Grip법이다. 마치 엄지손가락을 제외한 네 손가락 위에 드립포트를 걸쳤다는 느낌으로 가볍게 잡아야 한다.

2단계는 읽기다. 말을 한다고 상대방이 듣는 것이 아니다. 상대방의 마음을 읽지 못하면 그 상황에 맞는 말을 할 수 없다. 그렇지 않은 말은 허공에 맴도는 소음일 뿐이다. 핸드드립도 같은 이치다. 분쇄한 원두의 상태를 읽지 못하면 아무리 예쁘게 그림을 그린다 해도 결과는 처참할 수 있다. 커피의 볶음도는 어떻게 되는지, 볶은 지 얼마나 지났는지, 분쇄도는 어떻게 되는지를 파악해야 한다.

사실 1단계에 집중하다 보면 2단계에 소홀하기 쉽다. 어느 수준에 이를 때까지는 물을 따르기에 급급하다. 커피의 상태를 읽었다고 해서 내가 적절하게 반응하는 것은 다른 차원의 문제다. 상대방의 마음은 알지만 내가 원하지 않아서 혹은 어떻게 해야 할지를 몰라서 손을 놓았던 경험이 있지 않은가. 커피도 마찬가지다. 볶은 지 얼마 안 돼 가스가 많은 경우 물을 부으면 뽀글뽀글 올라오는데 내 맘처럼 되지 않는다. 다음 단계로 가야 한다.

마지막 3단계는 소통하기다. 핸드드립을 하는데 무슨 커피와 소통까지 해야 하느냐며 반문할 사람도 있을 것이다. 커피와 소통한다는 것은 주고 받기를 잘한다는 의미다. 내가 물을 부으면 커피가 받아서 자기를 녹여낸다. 지금 물을 더 부어야 하는지 아니면 조금 기다리거나 물의 양을 조절해야 하는지, 온전히 커피와 나만 알 수 있다. 옆에서 누가 가르쳐줄 수 있는 것도 아니다.

이 단계를 마스터하면 뛰어난 궁사에게 과녁이 크게 보이듯 뽀글뽀글 피어 오르는 작은 거품이 더 크게 보인다. 드리퍼를 통과해 추출되는 커피에서 작은 시냇물이 흐르는 것처럼 '졸졸졸' 소리가 귀를 간지럽힌다. 마치 사랑하는 두 남녀가 요한 스트라우스의 〈봄의 왈츠〉에 맞춰 정겹고 멋지게 춤을 추듯이, 나와 커피도 그래야 한다.

아무리 실력이 뛰어난 사람이라도 항상 커피와 소통하는 것은 아니다. 때로는 그리기조차 안 될 때도 있다. 매 단계마다 최선을 다하고 커피가 내게 보내는 신호에 민감하게 반응하고 따를 때 한 잔의 맛있는 커피가 세상에 나온다. "하루를 연습하지 않으면 내가 알고, 이틀을 연습하지 않으면 평론가가 알며, 사흘을 연습하지 않으면 청중이 안다." 위대한 바이올리니스트 야사 하이페츠의 말이다. 핸드드립도 그렇다.

EXTRACTION 10

에스프레소머신의 탄생과 현재

커피가 대중화되고 수요가 폭발적으로 증가하면서 문제가 생겼다. 특정 시간에 손님이 몰리면서 많은 양의 커피를 빠른 시간에 추출해야만 했다. 필요는 발명의 어머니라고 했던가. 포문을 연 것은 이탈리아의 발명가 안젤로 모리온도였다. 1884년 그는 세계 최초로 증기압식Steam-Driven 에스프레소머신을 발명하고 특허를 냈다. 그가 만든 것은 지금처럼 빠른 시간에 커피를 추출하는 머신이 아니라 많은 양의 커피를 한번에 제조하는 것이었다. 안타까운 것은 그가 만든 머신의 실물은 물론 사진조차 남아 있지 않으며 설계도면만 전해진다는 것이다.

1901년 이탈리아의 루이지 베제라Luigi Bezzera는 빠른 시간에 커피를 추출하는 방법을 고안하고 특허를 냈다. 그의 머신은 모리온도의 것을 한층 개량한 것으로 주문을 받고 한잔씩 커피를 추출하

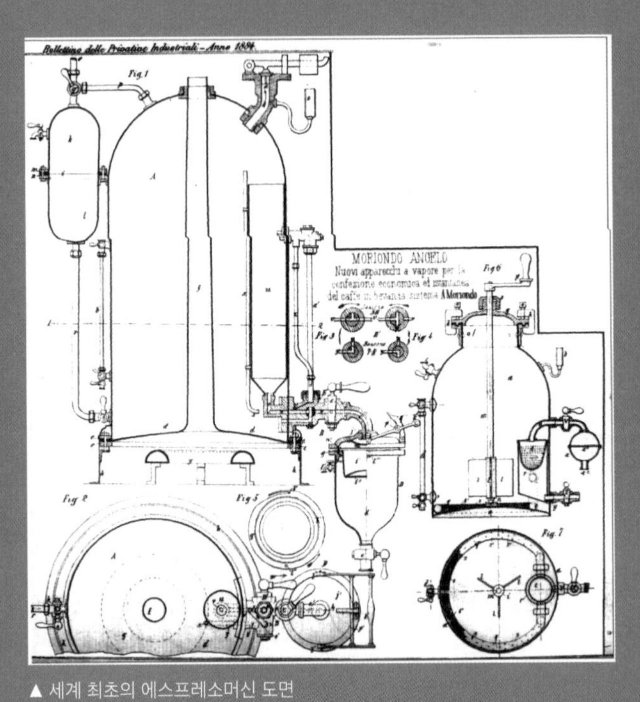

▲ 세계 최초의 에스프레소머신 도면

는 방식이었다. 세계 최초의 싱글 샷 에스프레소머신이었다. 그러나 그의 머신은 추출의 일관성이 없었고 온도 변화가 잦았다. 베제라는 재정적인 어려움과 마케팅의 한계로 1902년 데시데리오 파보니[Desiderio Pavoni]에게 특허권을 매도했다.

1906년 파보니는 머신의 디자인에 변화를 주고 압력방출밸브를 장착한 에스프레소머신을 세상에 내놨다. 이전까지는 수작업 소량 생산 방식이었으나, 파보니에 이르러 디자인이 다양해지고 머신 수요도 많아지면서 대량생산 체제를 갖추게 되었다. 그는 에스프레소머신의 대중화에 기여했다고 평가된다. 우리가 알고 있는 라 파보니 시리즈가 이때부터 시작되었다.

파보니 발명 이후 약 40년이 지난 1945년, 이탈리아의 아길 가찌아[Achille Gaggia]는 증기압이 아닌 피스톤식[Piston-Driven] 에스프레소머신을 개발했다. 바리스타가 머신 앞에 달린 긴 레버를 올리면 그 안에 있는 피스톤도 위로 올라가고 연결된 용수철은 압축된다. 그 과정에서 아래에 공간이 생기고 그곳으로 뜨거운 물이 들어간다. 이때 바리스타가 레버를 당기면 압축된 용수철이 풀리면서 그 압력으로 커피가 추출되는 방식이다.

가찌아의 머신은 레버의 움직임으로 추출 압력을 조절할 수 있었다. 9기압에 가까운 추출 압력을 유지함으로써 이전에는 보지 못한 커피 추출물을 탄생시켰다. 크림처럼 부드럽다 해서 크레마[Crema]라 불린다. 주로 원두의 지방성분으로, 추출된 커피의 품질을 평가하는 척도로서 사용된다.

1961년 이탈리아 훼마Faema에서는 전동펌프Pump-Driven를 장착한 새로운 방식의 에스프레소머신을 내놓는다. 훼마61 모델로도 유명한 이 머신의 가장 큰 특징은 증기압이 아닌 수압을 이용한다는 것이다. 보일러에서 데운 물이 관을 통해 그룹헤드에 전해지면 전동펌프가 압력을 가해 추출하는 방식이다. 이전보다 머신의 크기도 작아지고 안정적인 커피 추출이 가능해졌다. 이후 일체형 보일러가 아닌 독립형 보일러를 장착한 머신이 등장했다. 이는 보일러에서 가열된 물이 추출을 담당하는 그룹헤드에 이르러 다시 한 번 히팅코일로 가열해서 추출에 적합한 온도를 유지하는 방식이다. 연속 추출 시에도 추출 온도의 변화를 최소화해 안정적인 추출이 가능하다는 장점이 있다.

요즘은 스팀을 담당하는 온수 보일러, 추출에만 관여하는 추출 보일러, 그룹헤드에 히팅코일까지 장착한, 흔히 T3 보일러라고 하는 멀티형 보일러도 있다. 디지털로 간단하게 추출 시 물의 양과 온도를 조절할 수 있어 개성 있는 커피 맛을 섬세하게 표현할 때 유용하다. 주로 고가의 하이엔드급 에스프레소머신에서 볼 수 있다.

에스프레소머신의 외부 구조와 특징

에스프레소머신은 보일러의 수와 특징에 따라 구분할 수 있다. 별도의 보일러가 없는 저가의 가정용 머신은 물이 서모 블록Thermo Block을 통과하면서 가열되고 추출된다. 구조가 단순하고 저렴하나 연속 추출이 어렵다는 단점이 있다. 상업용 에스프레소머신은 보일러의 수에 따라 싱글보일러와 듀얼보일러로 나누며 그룹헤드에 히팅코일의 장착 유무에 따라 일체형 보일러와 독립형 보일러로 구분한다.

요즘은 별도의 보일러(1개 또는 2개)와 그룹헤드에 히팅코일이 있는 독립형 보일러 방식의 에스프레소머신이 대세다. 외관 전면부는 반자동 에스프레소머신을 기준으로 크게 스팀부, 온수부, 추출부, 배수부, 압력 게이지, 전원 등으로 나뉜다.

스팀부는 스팀을 열고 닫으며 양을 조절하는 스팀밸브, 스팀이 나오는 스팀노즐로 구성된다. 그룹헤드가 한 개인 1그룹 머신은 스팀노즐이 한 개다. 그룹헤드가 두 개 이상이라면 두 개의 스팀노즐이 달려 있다. 스팀밸브는 다이얼식과 레버식이 있다. 다이얼식은 돌출된 동그란 손잡이를 시계 방향으로 돌리면 스팀이 열리고 반대 방향으로 돌리면 스팀이 닫힌다. 레버식은 길쭉한 손잡이를 아래로 내리면 스팀이 나오고 위로 올리면 스팀이 줄어드는 방식이다. 스팀노즐의 재질은 스테인리스강이며 스팀이 나올 시 파이프가 뜨거우므로 화상에 주의해야 한다. 스팀노즐 아래에는 스팀이 나오는 구멍이 뚫려 있다. 상업용 머신은 주로 3~4개다. 분해와 교체가 가능하며 수시로 청소를 해야 안정적인 스팀이 가능하다.

온수부는 온수기와 온수버튼으로 구성된다. 특수한 경우를 제외하고 그룹 수에 관계없이 한 개의 온수기가 달려 있다. 온수기의 용도는 커피 잔 등을 데우거나 급하게 커피를 희석할 때 사용한다. 온수를 많이 빼면 추출에 영향을 주므로 주의해야 한다. 특히 온수기의 물은 90℃가 넘으므로 사용 시 화상을 조심하자. 이물질이 낄 수 있으니 주기적으로 분해 청소를 해준다.

추출부는 추출버튼, 그룹헤드, 포터필터로 구성된다. 대체로 추출버튼은 프리버튼, 솔로버튼, 더블버튼, 룽고버튼, 룽고더블버튼이 있다. 프리버튼을 제외한 네 개의 버튼은 사전에 원하는 추출량을 세팅할 수 있다. 프리버튼은 작동 후 다시 버튼을 누르기 전까지 추출이 계속된다. 리스트레토를 추출하는 등 에스프레소의 양을 조절할 때 쓰인다.

그룹헤드는 그룹, 개스킷, 샤워홀더, 샤워로 구성된다. 그룹은 주로 황동 재질로 되어 있으며 부식을 막기 위해 크롬 도금을 한다. 그룹의 내경은 52~58mm로 머신에 따라 차이가 있다. 개스킷은 커피 추출 시 물이 새는 것을 막아주며 재질은 무독성 고무로 되어 있다. 사용량과 시간에 비례해 경화되고 부서질 수 있으니 때에 맞춰 교체를 해준다. 샤워홀더는 황동 재질이며 그룹에서 한 줄기로 나온 물을 여러 갈래로 갈라지게 한다. 커피 기름이 쌓이므로 마감 시 매일 약품 청소를 해야 한다. 사용량에 따라 분해 청소가 필수다. 샤워는 분쇄된 원두에 고르게 물을 공급하는 것으로, 수백 개의 미세한 구멍이 뚫려 있다. 스테인리스 재질이며 샤워홀더를 청소할 때 함께 관리를 해준다. 오래 사용해 커피 기름이 굳어 구멍이 막힐 경우 새것으로 교체해야 한다.

포터필터는 필터홀더, 스프링, 바스켓, 스파웃으로 구성된다. 필터홀더는 바스켓을 잡아주는 것으로 손잡이와 홀더로 되어 있으며 황동 재질에 크롬 도금이 되어 있다. 스프링은 필터홀더에 바스켓을 고정하는 장치다. 사용 후 바스켓이 잘 빠지면 스프링을 좀 더 벌린 뒤 다시 끼우면 된다. 바스켓은 분쇄된 원두를 담는 것으로 싱글(1샷)과 더블(2샷), 두 종류가 있다. 스테인리스 재질이다. 오래 사용하거나 추출 압력이 10기압 이상으로 높을 경우 찢어지기도 한다. 새것으로 갈아주지 않으면 추출 속도가 빨라져 양질의 에스프레소를 얻을 수 없다. 스파웃은 필터홀더와 같은 재질로 되어 있다. 바스켓을 통해 추출되는 커피가 잔으로 흐르도록 방향을 잡아주는 역할을 한다. 포터필터의 모든 부품은 매일 마감 시 약품 청소를 해줘야 위생뿐만 아니라 깔끔한 커피 맛을 유지할 수 있다.

배수부는 드립트레이그릴과 드립트레이로 구성된다. 전자는 커피 잔이나 샷글라스를 놓는 받침대로 스테인리스 창살로 되어 있다. 후자는 드립트레이그릴을 통과한 물과 커피 찌꺼기 일부를 배수구로 흘려주는 것으로 스테인리스와 플라스틱 재질로 되어 있다. 배수부는 마감 시 매일 연성 세제로 청소를 해야 위생 및 미관상 좋다.

압력게이지는 추출펌프 압력과 보일러 압력을 표시하는 것이다. 전자는 머신에 따라 차이가 있지만, 대개 0~16bar이며 정상범위는 9~10bar이다. 만약 추출 시 정상범위 밖에 있으면 펌프 압력을 조정해야 한다. 후자는 머신에 따라 미세한 차이는 있으나 0~2.5bar이며 정상범위는 1~1.5bar이다. 만약 스팀와 온수 사용 시 정상범위 밖에 있으면 머신 내부에 무리를 주거나 정상적으로 작동하지 않을 수 있으니 반드시 수리를 받아야 한다.

에스프레소머신의 전원은 대개 'ON&OFF' 스위치와 '0과 1' 2진수로 된 다이얼식 두 가지다. '0'은 꺼짐이고 '1'은 켜짐이다. 전원은 대개 우측 하단이나 좌측 중앙에 위치해 있다. 디지털이 아닌 아날로그의 투박하고 불편한 전원장치를 채택한 이유는 혹시라도 영업 중 실수로 전원이 꺼지는 일을 막기 위함이다.

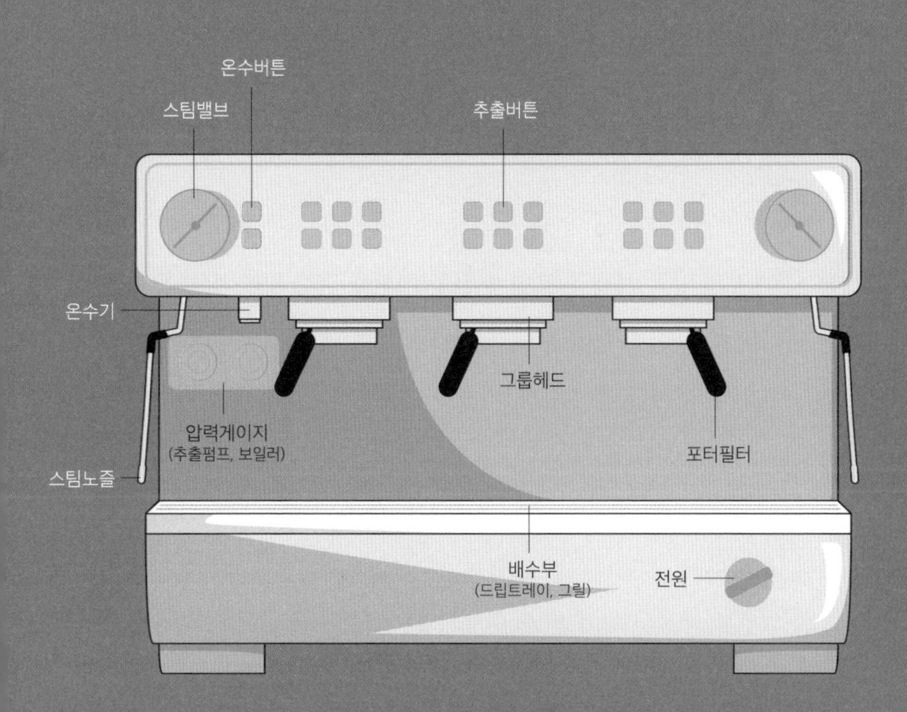

에스프레소머신의 외부 구조

에스프레소머신의 내부 구조와 특징

왜 에스프레소머신의 내부를 알아야 할까? 차량의 앞쪽 보닛을 열면 엔진을 포함해 각종 주요 장치들이 연결되어 있다. 차량에 문제가 생기는 경우 먼저 보닛을 열어보는 이유다. 수리를 할 수는 없어도 어떤 문제가 있는지 알아야 현명하게 대처할 수 있다.

머신 내부는 수많은 전선이 전자장치와 연결돼 있고 보일러로부터 나온 여러 금속 파이프로 인해 굉장히 복잡해 보인다. 처음 내부 구조를 접하면 뭐가 뭔지 도무지 알 길이 없어 머리가 어지럽다. 내부는 크게 스팀부, 보일러부, 추출부로 나뉜다. 각 부문은 독립적으로, 부분끼리는 유기적으로 연결돼 있어 마치 하나의 생명체를 보는 듯 같다.

스팀부는 스팀밸브에 의해 스팀의 개폐 및 양을 조절한다. 오래 사용하면 내부가 마모돼 스팀레버를 완전히 잠가도 스팀이 미세하게 샌다. 이 상태를 방치하면 스팀이 새면서 보일러의 내부 압력이 떨어지고 이를 회복하기 위해 가열을 반복하게 된다. 결국 머신 고장의 원인이 되며 전기세도 많이 나온다. 창문을 열어놓고 인버터 에어컨을 켜놓은 것과 같다.

보일러부는 온수밸브, 히터, 보일러, 공기밸브, 수위센서, 과압 방지밸브로 구성된다. 온수밸브는 외부온수기의 개폐를 담당하는 전자장치다. 스팀밸브와 마찬가지로 오래 사용하면 마모돼 온수기를 완전히 잠가도 한 방울씩 아래로 떨어진다. 비전문가의 영역이 아니므로 반드시 엔지니어를 불러 수리를 받아야 한다.

히터는 물을 데우는 장치로 보일러 내부의 물에 잠겨 있다. 오래 사용할 경우 스케일이 끼어 성능이 저하된다. 오버홀Overhaul을 하는 이유 중 하나다. 보일러는 머신에서 쓰는 물을 보관하는 곳으로 내부는 물 70%와 증기 30%로 채워져 있다. 스팀과 온수, 그리고 추출까지 관장하는 일체형 보일러, 스팀과 온수만 담당하는 독립형 보일러로 나뉜다.

공기밸브는 보일러 내부 공기의 양을 조절하는 장치다. 보일러를 가동시켜 내부 공기의 양이 증가하면 밸브가 열려 공기를 빼준다. 밸브 내 개스킷이 경화되면 정상적으로 작동하지 않아 기계 고장의 원인이 된다. 발견 즉시 수리해야 한다.

수위센서는 보일러 내부의 물의 양을 제어하는 장치다. 물의 양은 항상 70%를 유지해야 하는데, 센서가 고장 나면 물의 양이

과하게 많거나 적어 추출과 스팀에 영향을 준다. 평소 머신 외부에 있는 보일러 수위를 보고 적정량 여부를 확인해야 한다. 수위 센서는 보일러 내부에 있기 때문에 오랜 시간이 지나면 스케일이 끼어 오작동의 원인이 된다. 오버홀 때 스케일을 제거해야 한다.

과압방지밸브는 보일러 압력이 1.5bar를 초과할 경우 이를 감지하고 밸브를 열어 압력을 낮춰주는 장치다. 평소 머신 외부에 보일러 압력게이지(정상범위 1~1.5bar)를 확인하고 문제 발생 시 엔지니어에게 연락해 수리해야 한다.

추출부는 펌프모터, 과수압밸브, 역류방지밸브, 물공급밸브, 플로미터로 구성된다. 펌프모터는 머신으로 유입되는 통상 1~2bar의 물을 커피 추출에 적합한 9bar 내외로 높여주는 역할을 하는 장치다. 펌프모터는 모터·헤드· 콘덴서로 되어 있는데, 헤드 문제가 대부분이다. 머신 외부의 펌프 압력게이지를 보고 압력이 낮을 경우 헤드 나사를 시계 방향으로 돌려 압력을 높여준다. 반대로 압력이 높을 경우 헤드 나사를 반시계 방향으로 돌려 압력을 낮춘다. 추출의 적합한 펌프 압력은 9~9.5bar이다.

과수압밸브는 펌프모터를 통과한 수압이 11bar 이상이 되면 자동으로 작동하는 안전장치다. 10bar 이상이 되면 머신의 각종 부품에 부하가 걸려 오작동과 고장의 원인이 되기 때문이다. 이 부품에 문제가 생기면 배수통으로 연결된 부분에서 물이 흘러나오고 추출에 악영향을 준다. 평소보다 추출 시간이 과하게 길거나

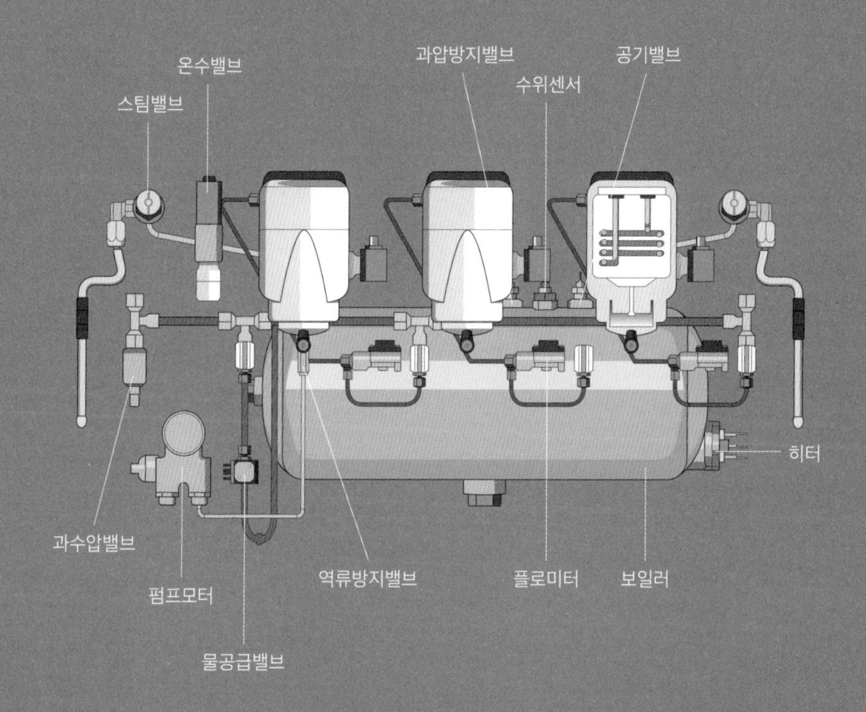

에스프레소머신의 내부 구조

안 되는 경우 엔지니어를 불러 수리해야 한다.

역류방지밸브는 말 그대로 보일러의 물이 반대로 흐르는 것을 방지하는 장치다. 펌프에서 나온 물은 통과를 시키고 보일러에서 나온 물은 통과하지 못하게 막아주는 역할을 한다.

물공급밸브는 보일러에 공급되는 물의 양을 제어하는 장치다. 보일러의 물이 부족하면 밸브가 열려 물이 공급되며 적정량이 되면 밸브를 닫아 물을 차단한다. 만약 밸브가 고장 나면 보일러에 물이 계속 공급돼 문제가 발생한다. 문제 발생 시 머신으로 유입되는 물을 차단하고 엔지니어에게 연락해 점검을 받아야 한다.

플로미터는 추출 시 물의 양을 감지하는 장치다. 센서가 고장 나거나 구멍이 막혀 문제가 생긴다. 불량일 경우 추출 시간이 길어지거나 짧아진다. 플로미터는 펌프모터의 헤드와 더불어 문제가 빈번하게 발생하는 부품 가운데 하나다.

기계에 대한 기본적인 이해만 있어도 문제 발생 시 비용과 시간을 줄일 수 있다. 평소 에스프레소머신의 내외부를 관찰하면서 이상 유무를 체크하는 습관을 기르자.

EXTRACTION 13

프렌치프레스 vs 에어로프레스

세상에서 가장 간편하고 사용법도 쉬우며 추출 시 개인차가 거의 없는 커피 기구가 있다. 프렌치프레스French Press와 에어로프레스Aero Press다. 둘 다 이름 끝에 프레스Press가 붙어 있으니 눌러서 커피를 추출하는 기구라는 것을 가늠할 수 있다. 생긴 모양이 비슷하고 사용법도 유사하지만 활용법은 조금 다르다.

프렌치프레스는 20세기 초부터 사용한 추출 기구로 스틸 본체, 유리 본체, 손잡이, 프레스, 프레스필터로 구성된다. 유리 본체는 스틸 본체에 끼워져 있다. 필터는 아래로부터 하부십자고정판, 스텐매시, 나일론매시, 스프링판 순서이며 이 전체가 고정 나사로 프레스에 고정돼 있다. 분쇄한 원두를 뜨거운 물에 우려내고 우유 거품을 만들 때 사용한다.

에어로프레스는 21세기에 이르러서야 발명된 휴대용 공기압

추출 기구다. 제품의 구성은 플런저, 체임버, 필터캡, 종이필터, 필터 보관대, 깔때기, 계량스푼, 젓개가 한 세트다. 플런저는 프렌치프레스의 프레스와 같은 역할을 한다. 체임버는 종이필터를 넣은 필터캡을 결합해서 사용한다.

바디감과 진한 커피맛을 좋아한다면 프렌치프레스가 좋고 깔끔한 커피맛을 원한다면 종이필터를 사용하는 에어로프레스가 좋다. 프렌치프레스는 사용법이 쉽고 추출 시 개인차가 거의 없다. 다만 세척이 까다롭고 위생적인 관리가 쉽지 않다. 에어로프레스는 사용한 뒤 세척이 편하고 필터가 1회용이라 위생적이다. 반면에 추출 시 힘 조절이 쉽지 않고 유리로 된 서버를 사용할 시 깨질 수 있어 주의해야 한다.

프렌치프레스
French Press

준비물

프렌치프레스
그라인더
원두 10g
물 적당량
우유 적당량
저울
타이머
커피 잔

커피 추출하기

1. 핸드드립보다 굵게 분쇄한 원두 적당량(약 10g)을 본체에 넣는다.
2. 약 85℃의 물을 커피 위에 조심스럽게 붓는다.
3. 바스푼으로 고르게 저어주고 프레스로 덮는다.
4. 2분 정도 기다린 뒤 프레스를 바닥까지 서서히 누른다.
5. 추출된 커피를 잔에 완전히 따른다. 완전히 따라내지 않으면 추출이 계속되니 잡미와 불쾌한 쓴맛이 난다.

우유 거품만들기

1. 본체에 적당량의 우유에 붓는다.
2. 프레스의 상하운동으로 거품을 만든다.
3. 거품이 충분히 만들어졌으면 상하운동을 멈춘다. 우유의 지질이 거품 형성에 관여하므로 저지방우유보다 일반우유가 거품이 잘 만들어진다. 처음 우유를 부을 때 본체의 반 이상을 넘지 않도록 한다.

세척 및 관리

1. 사용한 뒤 바로 흐르는 물에 본체, 프레스, 필터를 씻고 건조시킨다.
2. 필터는 일주일에 1회 이상 분해해서 씻어야 한다.
3. 에스프레소머신 청소용 약물을 사용하면 물로는 씻기지 않는 필터 내의 커피 찌든 때를 제거하는데 효과적이다. 뜨거운 물에 약품 1스푼을 녹인 뒤 필터 부품을 넣으면 커피 기름이 분해되면서 깨끗이 씻긴다.

에어로프레스
AeroPress

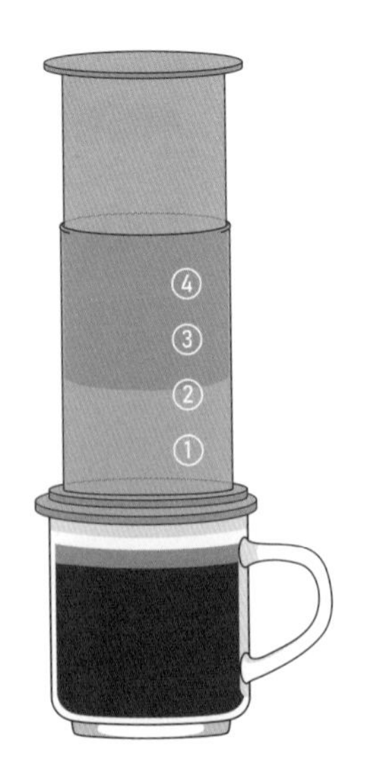

준비물

에어로프레스
젓개
그라인더
종이필터
원두 10g
물 적당량
저울
타이머
커피 잔

커피 추출하기

1. 체임버를 튼튼한 머그컵 위에 올려 놓는다.
2. 핸드드립보다 굵게 분쇄한 원두 적당량(약 10g)을 체임버에 넣는다.
3. 약 85℃의 물을 원하는 눈금만큼 체임버에 붓는다.
4. 젓개로 잘 젓는다.
5. 플린저를 결합한 뒤 바닥까지 서서히 누른다.

세척 및 관리

1. 사용한 뒤 각 부품은 분해해서 흐르는 물에 씻어준다.
2. 플린저의 바닥(무독성 고무)을 제외하고는 플라스틱 소재이므로 철 수세미를 사용해선 안 된다.
3. 세제를 사용할 시 물로 완전히 씻고 건조한 뒤 사용한다.

EXTRACTION 14

핸드드립의 대안, 클레버드립

카페 운영의 가장 큰 고통은 부인할 수 없이 장사가 안 될 때다. 그다음으로는 새로운 직원을 교육시키는 것이다. 특히 숙련을 요하는 핸드드립 같은 기술은 직원이 기본 실력을 갖춰도 오랜 시간이 걸린다. 카페의 특성상 직원의 근무 기간이 길지 않다. 이를 극복하기 위한 대안으로 핸드드립을 클레버드립으로 바꾸는 매장이 늘고 있다.

클레버드립은 핸드드립의 장점과 프렌치프레스의 장점을 모두 갖춘, 단어 의미처럼 똑똑한 추출법이다. 핸드드립 장인의 섬세한 커피 맛에는 미치지 못하지만 웬만한 핸드드립보다 낫다는 게 중론이다. 종이필터를 사용함에도 드리퍼 하단의 구멍을 실리콘링으로 막아 원두를 뜨거운 물에 불린다는 점에서 침출식이라 할 수 있다.

클레버드립의 장점 중 하나는 물의 온도와 추출 시간을 조절함으로써 어느 정도 커피의 신맛과 쓴맛의 조절이 가능하다는 것이다. 신맛을 더 올리고 싶으면 물의 온도를 80℃로 맞추고 더 낮추기를 원하면 물의 온도를 90℃로 맞춘다. 본인이 쓴맛을 좋아한다면 신맛과 반대로 물의 온도를 높이면 된다.

분쇄도의 크기에 따라 바디감, 즉 커피의 농도를 높이거나 낮출 수도 있다. 핸드드립은 분쇄도가 너무 작으면 물을 부어도 추출이 안 되고 위로 떠오르기도 한다. 하지만 클레버드립은 침출식이라서 문제가 없다. 같은 양의 원두로 바디감이 좋은, 좀 더 농밀한 커피 맛을 원한다면, 분쇄도를 이전보다 좀 더 작게 한다. 마일드한 커피 맛을 위해서는 반대로 분쇄도를 크게 하면 된다.

추출 시간을 늘려 진한 커피 맛을 표현할 수 있지만 이럴 경우 물과 원두의 과도한 접촉으로 잡미와 불쾌한 쓴맛이 날 수 있다. 비록 침출식이라 하더라도 뜨거운 물을 한꺼번에 붓지 말고 적은 양을 천천히 따르는 것이 좋다. 이것만 지키면 누구나 문제없이 맛있는 커피를 즐길 수 있다.

클레버드립
Clever

준비물

클레버드리퍼
그라인더
종이필터
원두 10~20g
물 적당량
저울
타이머
커피 잔

커피 추출하기

종이필터 끼우기
평평한 바닥에 드리퍼를 놓고 필터를 접어 그 안에 끼운다. 필터 하단 모서리 양쪽을 엄지손가락과 중지손가락으로 가볍게 눌러 밀착시킨다.

분쇄한 원두 붓기
약 1mm 크기로 분쇄한 원두 적당량(10~20g)을 필터에 붓고 드리퍼를 가볍게 좌우로 흔들어 원두를 평평하게 한다.

뜨거운 물 붓기
드립포트로 뜨거운 물(80~90℃)을 마치 나선형 핸드드립을 하듯 중심으로부터 밖으로 붓는다. 다시 밖에서부터 중심으로 붓는다. 물의 양은 드리퍼의 90%를 넘지 않도록 한다.

기다리기
드리퍼의 뚜껑이 있으면 덮어주고 2분 정도 기다린다. 추출 시 외부 공기와 접촉하면서 침출 온도가 변하는 것을 막기 위해 뚜껑을 덮는다.

추출하기
드리퍼를 잔이나 서버 위에 올리면 하단 실리콘링이 열리면서 드리퍼에 갇혀 있던 커피가 아래로 흐른다. 추출이 끝나면 드리퍼를 잔에서 치운다.

분해와 세척하기

드리퍼 본체와 실리콘링을 분해하고 깨끗이 씻은 뒤 완전히 건조한다.

EXTRACTION 15

모카포트의 치명적인 매력

20세기 초 증기압식 에스프레소머신이 등장한 이래 사람들은 집에서도 간단한 도구로 에스프레소를 즐길 수 없을까 고민했고 이탈리아의 기술자 알폰소 비알레티Alfonso Bialetti가 이 문제를 해결했다. 그는 1933년 모카 익스프레스 커피메이커를 디자인했고 그 후 상품화에 성공했다.

커피Mocha와 주전자Pot의 합성어인 모카포트Mocha Pot는 1950년대 이래 지금까지 커피포트의 대표적인 상품으로 자리 잡고 있다. 스테이플러를 발명한 사람의 이름을 따서 호치키스라고 하듯, 모카포트 역시 비알레티라고 부르기도 한다.

구조는 하단부터 보일러(물탱크), 안전밸브, 커피바스켓, 바스켓필터, 개스킷, 평면필터, 컨테이너, 추출기둥, 추출구, 손잡이, 뚜껑, 뚜껑손잡이 순으로 되어 있다.

커피 추출은 보일러의 물이 끓으면서 발생한 증기압이 분쇄한 커피층을 통과하면서 이루어진다. 금속필터를 통과하기 때문에 커피 기름 성분까지 추출이 된다. 분쇄한 커피층 위에 동그란 종이필터를 사용하면 좀 더 깔끔한 커피 맛을 즐길 수 있다.

모카포트는 사용법이 간편하고 거의 고장이 없으며 개스킷이 경화한 경우 교체만 해주면 반영구적으로 사용할 수 있는 매력적인 커피메이커다.

모카포트
Mocha Pot

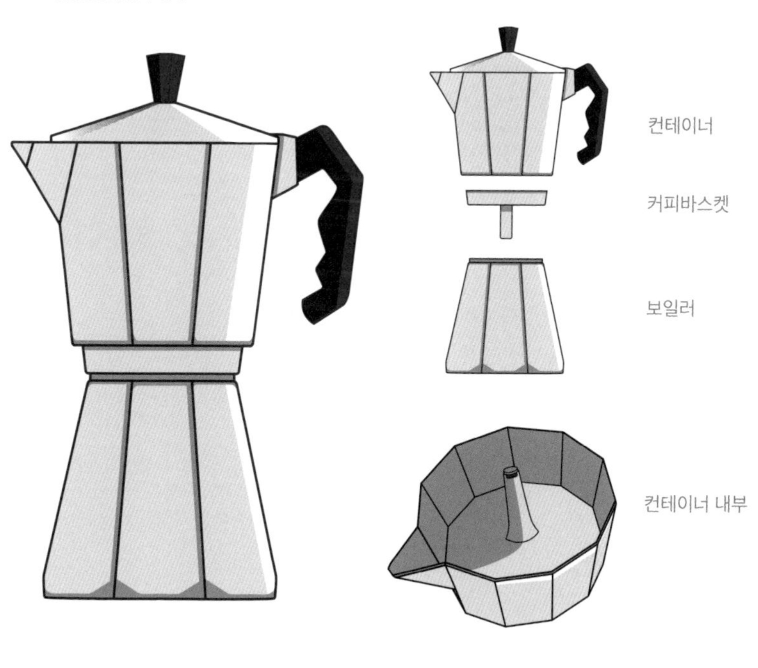

모카포트 분해도

준비물

모카포트
그라인더
종이필터
원두 10g
물 적당량
저울
타이머
커피 잔

커피 추출하기

물 채우기
모카포트는 크게 보일러, 커피바스켓, 컨테이너로 구분할 수 있다. 사용 시 분해도처럼 세 부분으로 된다. 물의 양이 많을수록 추출량도 많아지는데 물은 반드시 안전밸브 아래까지 채운다.

원두 채우기
곱게 분쇄한 적당량(약 10g/잔)의 원두를 커피바스켓에 채우고 평평하게 다진다. 분쇄도가 크면 커피가 묽게 추출되므로 에스프레소 용도로 원두를 분쇄한다.

종이필터
기호에 따라 해도 되고 하지 않아도 된다. 본인이 클린컵을 좋아한다면, 모카포트용 종이필터나 핸드드립용 종이필터를 동그랗게 오려 사용하면 된다.

조립하기
커피바스켓을 보일러에 끼우고 컨테이너와 보일러를 결합한다. 평평한 바닥에 보일러를 놓고 컨테이너를 시계 방향으로 돌리면 결합이 된다. 분해 시에는 반시계 반향으로 돌리면 된다. 약하게 결합하면 추출 시 물이나 커피가 샐 수 있으므로 주의한다.

가열하기
모카포트를 인덕션레인지나 가스레인지 등 열원 위에 놓고 가열한다. 인덕션레인지는 문제가 없으나 화염이 있는 열원은 플라스틱 손잡이가 녹을 수 있어 화력 세기에 주의한다.

관찰하기
모카포트의 뚜껑을 열고 커피가 추출되는 모습을 관찰한다. 1분 내외면 추출이 시작되므로 반드시 옆에서 지켜봐야 한다. 추출이 끝나면 가열을 중단한다.

잔에 따르기
추출이 끝난 커피를 예열한 잔에 따른다. 모카포트 자체가 굉장히 뜨거우니 주의한다. 손잡이와 뚜껑을 제외한 부분은 절대 손으로 만지면 안 된다. 특히 아이가 있는 집은 사용 시 더 주의를 요한다.

세척과 건조
모카포트를 싱크대로 옮긴 후 차가운 물로 식힌다. 충분히 식었으면 보일러, 커피바스켓, 컨테이너를 분해하고 깨끗이 세척한다. 물기를 제거하고 완전히 건조하지 않으면 보일러 안쪽에 곰팡이가 생길 수 있다.

EXTRACTION 16

보는 재미와 맛도 좋은 바큠포트

흔히 사이펀Syphon이라고 하는 바큠포트Vacuum Pot는 증기압과 진공, 그리고 중력을 이용하는 커피 추출법이다. 물리학에서 사이펀이란 위치와 수면의 높이가 다른 물통 간에 U자형 관을 꽂으면 수면에 가해지는 대기압에 의해 두 물통의 수면 높이가 같아질 때까지 한 통에서 다른 통으로 물이 이동하는 현상을 말한다. 이런 연유로 바큠포트를 사이펀이라고 하며 고대 희랍어σίφων, Siphon로 파이프, 튜브를 의미한다.

바큠포트는 1830년대 독일의 로에프Loeff가 발명했다. 약 200년 가까이 지났음에도 여전히 세상에서 가장 멋스럽고 고급스러운 커피 추출 기구로 정평이 나 있다. 구조는 아래부터 버너, 하단 유리볼, 스탠드, 유리파이프, 고무 개스킷, 필터, 상단 유리 챔버, 뚜껑 순으로 되어 있다. 스탠드와 일부 부품을 제외하고는 대부분 투명한 유리로 되어 있다. 추출 과정을 눈으로 관찰할 수 있어 멋스럽다. 다만 사용 중이나 세척 시 깨질 수 있어 주의를 요한다. 직물로 된 필터를 제외하고 나머지는 깨지지 않으면 반영구적으로 사용할 수 있다.

보는 재미와 맛을 두루 갖춘 바큠포트는 청소와 관리가 어렵다는 단점을 빼면 참 멋스러운 커피 추출 기구다. 요즘 스페셜티 커피를 취급하는 카페에서 많이 사용되고 있어 어렵지 않게 만날 수 있다.

바큠포트
Vacuum Pot

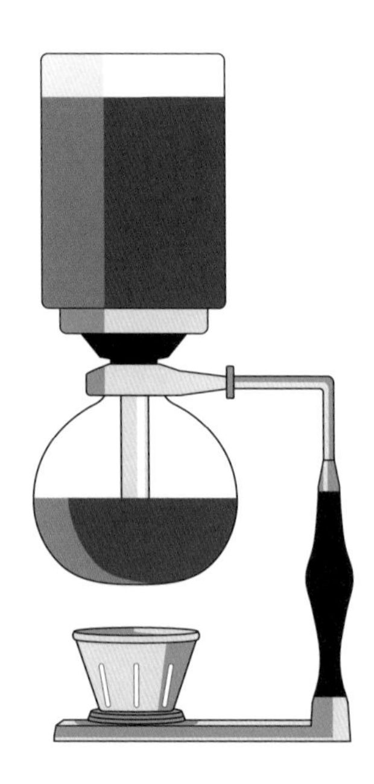

준비물

바큠포트 세트
버너
그라인더
원두 20g
뜨거운 물 200ml
바스푼
저울
타이머
커피 잔

커피 추출하기

필터 고정하기
필터를 상단 유리 챔버 아래에 고정하기 위해 필터와 연결된 금속 줄을 아래로 당긴다.

뜨거운 물 붓기
추출 시간을 줄이기 위해 미리 끓인 물 200ml를 하단 유리볼에 붓는다.

버너 가열
버너를 점화하고 가장 강한 화력으로 하단 유리볼을 가열한다. 구입 시 알코올 램프가 딸려 오는데 화력이 약해 추출 시간이 오래 걸린다. 가능하면 부탄 버너를 사용하는 것이 효과적이다.

상단 유리 챔버
결합 하단 유리볼의 물이 끓기 시작하면 상단 유리 챔버를 하단 유리볼과 수직으로 세워 결합해 틈이 없도록 한다.

분쇄한 원두 붓기
끓는 물이 유리파이프를 통과해 상단 유리 챔버로 올라온다. 거의 다 올라왔을 때 물을 바스푼으로 젓는다. 핸드드립(약 1mm)보다 조금 작게 분쇄한 원두 20g을 상단 유리 챔버 안에 붓는다. 이때부터 타이머로 추출 시간을 측정한다.

버너 화력 조절
버너의 화력을 가장 약하게 줄인다. 추출 중인 커피를 바스푼으로 잘 젓는다. 약 30초 후 이전보다 부드럽게 젓는다. 타이머의 추출 시간이 약 1분 30초쯤 되었을 때 버너의 화력을 끈다. 이때 추출 중인 커피를 바스푼으로 다시 한 번 강하게 젓는다.

커피 따르기
상단 유리 챔버의 커피가 필터를 통과해 하단 유리볼로 떨어진다. 추출 시간은 3분 내외다. 커피가 완전히 떨어지면 상단 유리 챔버를 분리하고 커피를 잔에 따른다.

EXTRACTION 17

캡슐커피의 원리와 특징

 편하나 맛은 좀 떨어지는 인스턴트커피, 맛은 있으나 불편한 원두커피. 사람들은 인스턴트커피보다 맛있는 원두커피를 좀 더 편하게 즐길 수 없을까 고민했다. 2005년 크래프트 푸즈Kraft Foods에서는 새로운 형태의 커피메이커 디자인 특허를 냈다. 에스프레소머신을 축소한 것 같은 기계에 캡슐을 넣고 버튼만 누르면 에스프레소가 추출되는 혁신적인 제품이었다.

그로부터 15년이 지난 지금, 캡슐커피는 원두커피, 인스턴트커피, RTD(Ready to Drink) 커피와 더불어 현대인의 커피 생활의 한 축으로 자리를 잡았다. 집은 물론이고 호텔 객실에도 캡슐커피메이커가 필수가 되었다. 최근에는 회사 직원 휴게실에서도 심심치 않게 볼 수 있다. 그만큼 캡슐커피가 편리하고 어느 정도 맛까지 보장한다는 것을 방증하는 예다.

캡슐커피메이커는 에스프레소머신의 부품과 그 기능 면에서

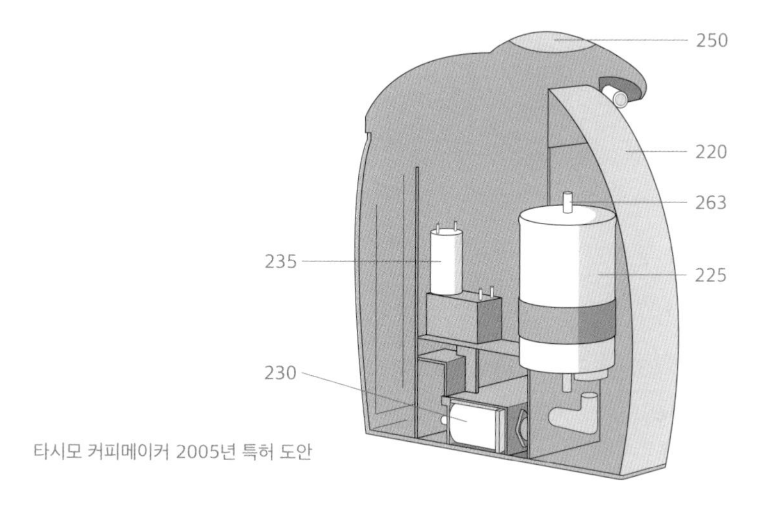

타시모 커피메이커 2005년 특허 도안

많이 닮았다. 225는 물을 끓이는 보일러고 230은 물을 가열하기 위해 보일러로 보내는 펌프다. 220은 물탱크고 235는 에어콤프레셔다. 250은 인젝션 노즐로 뜨거운 물을 캡슐로 보내 커피를 추출하는 장치다. 263은 커피메이커 내의 물의 순환을 돕는 내부관이다. 중앙제어프로세서는 부품들이 상호 간 제대로 작동하는 것을 돕는다.

캡슐커피메이커의 작동 원리는 에스프레소머신과 거의 차이가 없다. 고온·고압(15~20bar)의 물을 곱게 분쇄한 원두에 통과시켜 커피를 추출하는 방식이다. 다만 차이가 있다면 사람의 손이 덜 간다는 것이다. 에스프레소머신은 그라인더에서 원두를 분쇄하고 포터필터에 담는 도징부터 시작한다. 포터필터 안의 원두를 평평하게 하는 탬핑한 뒤 그룹에 장착해야만 준비가 끝난다. 하지만 캡슐커피메이커는 분쇄, 도징, 탬핑의 과정이 생략된다. 캡슐 안에 이미 분쇄한 정량의 원두가 담겨 있기 때문이다. 마치 에스프레소머신의 그룹에 포터필터를 장착하듯 캡슐을 커피메이커에 넣으면 된다. 예열이 끝난 것을 확인한 후 추출 버튼을 누른다. 캡슐 상하단에 구멍이 뚫리고 뜨거운 물이 원두를 통과한다. 10여 초 후면 에스프레소가 완성된다.

몇몇 유명한 커피 회사에서 저마다의 브랜드로 다양한 디자인과 가격대의 캡슐커피메이커와 캡슐을 생산한다. 네스프레소, 돌체구스토, 라바짜, 일리, 타시모 등이 대표적인 회사다. 문제는 회사마다 캡슐의 크기와 용량이 달라서 아예 타사 캡슐을 사용할 수 없다. 이유를 물어보면 최고의 커피 맛을 내기 위한 자기들만의 독창적인 디자인이며 레시피라는 궁색한 변명을 한다. 다행스러운 점은 최근 여러 종류의 커피캡슐이 호환되는 멀티 캡슐커피메이커가 등장했다는 것이다.

커피 회사는 사실 커피메이커가 아니라 캡슐을 팔아야 수익이 난다. 일부 커피브랜드는 아예 캡슐커피만 만들어 시장에 내놓고 있다. 날이 갈수록 캡슐커피의 품질이 좋아지고 종류도 다양해지고 있다. 디카페인은 물론이고 산지별 원두, 착향된 커피 맛까지 소비자의 기호에 맞는 캡슐 연구와 생산에 박차를 가하고 있다. 지금과 같은 언택트Untact, 뉴노멀New Normal 시대에는 캡슐커피의 수요와 인기가 더 높아질 것이다.

EXTRACTION 18

간단한 도구로 만드는 나만의 홈카페

원두커피가 생활화되면서 집에서도 인스턴트커피가 아닌 원두커피를 즐기는 사람들이 늘고 있다. 혼수로 에스프레소머신을 준비하는가 하면 주방 한쪽 면을 작은 카페처럼 꾸미기도 한다. 집에 근사한 에스프레소머신 한 대를 들여놓고 싶은 것은 커피마니아의 인지상정이다. 굳이 그렇게 하지 않아도 최소한의 예산으로 웬만한 카페 수준의 맛있는 커피를 집에서 즐길 수 있는 방법이 있다.

간혹 손님들로부터 홈카페를 만들 때 꼭 구입해야 하는 커피 도구를 추천해 달라는 문의를 받는다. 모카포트, 소형 전동그라인더, 프렌치프레스만 구입하자. 저울과 타이머가 추가적으로 필요하지만 타이머는 스마트폰으로 대체 가능하다. 저울이 없는 경우, 0.1g 단위로 측정이 가능한 것을 구입하면 좋다. 저울까지 구입한다고 해도 10만 원 내외면 충분하다. 이전에 모카포트와 프렌치프레스의 추출 원리와 사용법을 설명했으니 이 둘을 이용해 몇 가지 커피 메뉴를 만들어보자.

아메리카노는 모카포트로 추출한 에스프레소에 뜨거운 물을 희석하면 된다. 카페모카는 에스프레소에 초콜릿소스를 녹이고 데운 우유를 부으면 완성된다. 에스프레소, 아메리카노, 카페라테, 카푸치노, 카페모카만 제대로 만들 줄 알면 집에서 커피를 즐기는데 아무 불편함이 없다. 손님이 와도 근사하게 커피 대접을 할 수 있으니 꼭 도전해 보길 권한다.

모카포트 카페라테

준비물

원두 10g
우유 150ml
물 100ml
모카포트
전동 그라인더
전자레인지 또는 냄비

만들기

우유 데우기
전자레인지나 중탕으로 우유 150ml를 70℃ 정도로 데운다. 너무 뜨겁지 않을 정도로만 데우면 된다. 우유를 데울 상황이 안 되면 모카포트 상단 추출구 중간까지만 부어 커피 추출 시 함께 데워지도록 한다.

커피 추출
모카포트를 이용해 에스프레소를 추출한다. 만약 모카포트 상단에 우유를 부었으면 커피가 추출되면서 우유가 섞이는데 이 모습이 참 예쁘다.

카페라테 만들기
데운 우유에 추출한 에스프레소를 따르면 카페라테가 완성된다. 우유와 에스프레소가 더 섞이게 하려면 에스프레소 위에 우유를 따르면 좋다.

모카포트+프렌치프레스 카푸치노

준비물

원두 10g
우유 250ml
물 100m
시나몬파우더 또는
초콜릿파우더 약간
모카포트
전동 그라인더
전자레인지 또는 냄비
프렌치프레스

만들기

우유 데우기
전자레인지나 중탕으로 우유 150ml를 70℃ 정도로 데운다. 너무 뜨겁지 않을 정도로만 데우면 된다.

커피 추출
모카포트를 이용해 에스프레소를 추출한다.

우유 거품 만들기
프렌치프레스에 우유 100ml를 붓고 프레스의 상하운동으로 거품을 충분히 만든다.

거품 얹기
에스프레소에 데운 우유를 붓고 그 위에 프렌치프레스로 만든 거품을 스푼으로 떠서 얹는다.

파우더 토핑
기호에 따라 거품 위에 시나몬파우더나 초콜릿파우더를 올린다.

이탈리아 커피 맛의 비밀

2006년 2월 11일 토요일, 나폴리Napoli에서 바리Bari로 가기 위해 카세르타행 기차에 올랐다. 기차는 45분 후 카세르타 역Station Caserta에 정차했다. 바리행 기차로 환승까지는 1시간 20분이 남아 역내의 카페에 들렀다. 카푸치노 한 잔을 주문했는데 1유로밖에 안 했다. 작고 허름한 역의 카페였지만 아직까지 특별한 곳으로 기억된다. 오늘 밤이면 그리스행 배를 탄다. 바리스타는 포터필터에 커피를 담고 스팀으로 우유거품을 만들었다. 매 순간 동작이 능숙하고 부드러웠으며 미소도 잃지 않았다. 이탈리아에서 마시는 마지막 커피라는 생각 때문이었을까, 한 모금 한 모금이 귀했다.

2009년 12월 15일 화요일, 에콰도르 키토Quito에서 비슷한 경험이 있었다. 시내 광장을 걷다가 우연히 카푸친Capuchin 수도사 무리를 만났다. 카푸치노는 카푸친 수도사의 헐렁한 옷과 색깔이 닮아 붙여진 이름이다. 카푸친 수도사를 만났는데 카푸치노를 거를 수는 없었다. 남반구에 위치한 에콰도르는 우리와 계절이 반대라 12월은 한여름이다. 무척 무더운 오후였음에도 카푸치노 한잔을 주문했다. 풍성한 거품을 머리에 이고 래디시 브라운의 시나몬을

흩뿌린 음료 한잔이 눈앞에 놓였다. 의미가 부여되면 더 많은 것을 느낀다는 것은 사실이었다. 왜 당시에는 카푸친 수도사들에게 커피 한잔하자고 말하지 못했는지 두고두고 아쉽다.

반대의 경우도 있다. 유학생들이 한사코 하는 말이 있다. 해외에서 유학할 때 스팸을 넣어 끓인 김치찌개 맛을 한국에서는 만들 수 없다고. 김치찌개는 한국이 최고 아닌가? 한국에서 파는 스팸과 외국 것은 다른가. 그렇다면 그 스팸으로 김치찌개를 끓이면 같은 맛을 느낄 수 있을까. 해외에 오래 나가면 이따금 칼칼한 김치찌개가 생각나 한인식당을 찾고는 했다. 하지만 한인이 끓인 김치찌개인데도 한국에서 먹던 그 맛이 아니었다. 김치가 다른가 아니면 돼지고기의 차이인가.

동남아 여행이 매력적인 것은 아열대 기후가 주는 매력도 있지만 무엇보다 저렴하고 맛있는 음식이 풍부하기 때문이다. 특히 베트남은 태국과 더불어 인도차이나 반도의 식도락 천국이다. 베트남 호치민Ho Chi Minh시를 여행할 때의 일이다. 뒷골목 좌상에서 파는 800원짜리 쌀국수를 의자도 없이 쭈그리고 앉아 뚝딱 비우곤 했다. 그 맛이 그리워 한국의 이름난 베트남 현지인 식당을 갔다. 거의 20배인 15,000원을 내고도 뒷골목에서 먹던 그 맛을 찾을 수 없었다.

영화 〈식객(2007년)〉은 전국 최고의 맛을 자랑하는 운암정의 대를 잇기 위해 제자들이 각자 최고의 재료와 비법으로 요리 대결을 펼쳐 일인자를 가리는 내용이다. 가장 기억에 남는 장면은 엔딩이었다. 우중거는 과거 군대 고참 호성에게 군에서 먹었던 라면 맛을 잊을 수 없다며 비법을 알려달라고 조른다. 영화 마지막에 호성이 보낸 택배 하나가 우중거에게 도착한다. 그 안에는 라면 한 개와 '라면 맛있게 먹는 법'이라고 적힌 봉투가 들어 있었다. 드디어 비밀의 키를 갖게 되었다고 생각한 우중거는 봉투를 열었다. 함께 찍은 군대 사진 한 장 뒤에는 "배고플 때 먹도록, 꼭 배고파야 함"이라고 맛의 비밀이 적혀 있었다. 선임에게 두들겨 맞고 서러움에 못 이겨 화장실에서 울고 있을 때, 고참이 반합에 끓여준 라면은 대단한 비법이 있었던 것이 아니었다. 당시의 상황과 고참의 따뜻한 마음이 만든 맛이었다.

손님 가운데 비슷한 얘기를 하는 분들이 있다. 이탈리아 여행 중 정말 작고 보잘것없는 카페에서 마신 에스프레소의 맛을 잊지 못한다며 그 맛을 내줄 수 없는지 부탁한다. 한국에서는 그 어떤 바리스타라도 그 맛을 똑같이 표현할 수는 없다. 맛은 재료의 질과 종류에 의해서만 결정되는 것이 아니기 때문이다.

이탈리아 여행 중 경험한 커피 맛을 내고 느끼기 위해서는 두 가지가 병행되어야 한다. 바리스타는 정성을 다해 커피를 추출해야 하며 손님은 정말 커피가 간절할 때 카페를 찾아야 한다. 이탈리아 커피 맛의 비밀은 상황과 분위기가 50%, 커피 재료와 바리스타의 실력이 30%, 커피에 대한 욕구 20%가 빚은 복합적인 맛이다.

나폴리 인근 카세르타 역 카페

이슬라무하레스의 대서양을 품은 카페

자연과 문명의 공존_나이로비 고급 호텔 노천카페

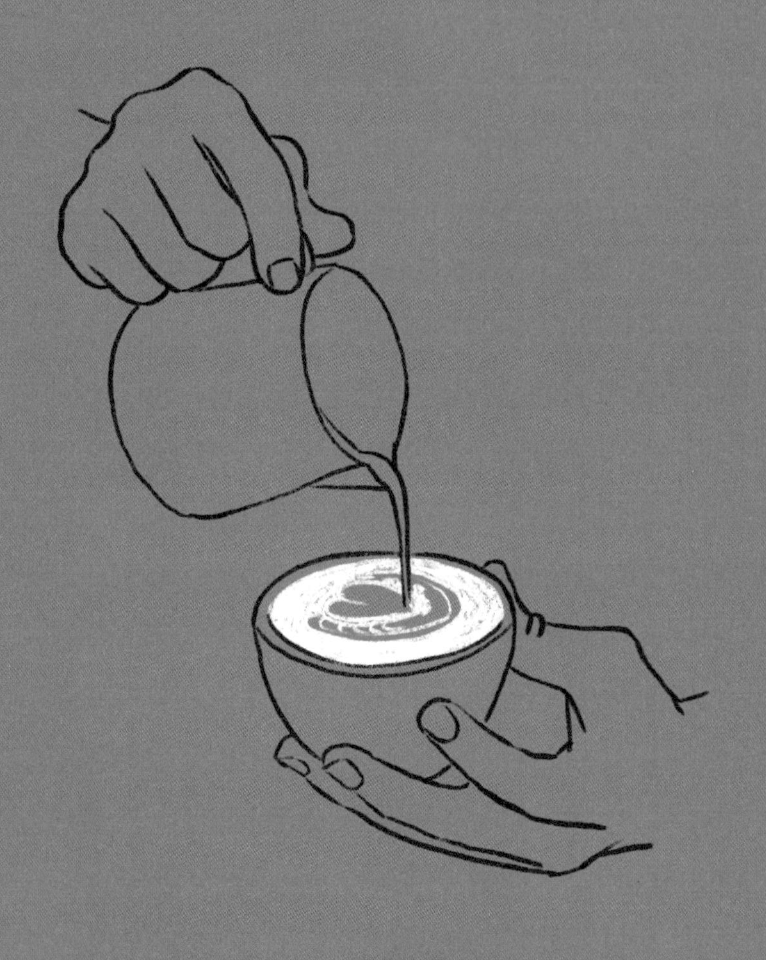

04

많은 사람들이 매일 한잔씩 커피를 즐기지만 그동안 커피 메뉴에 대해 얼마나 알고 있었을까. 카페라테와 카푸치노의 차이점을 설명할 수 있을까. 에스프레소의 정의까지 내릴 수 있다면 준전문가 수준이라 할 수 있다. 아는 만큼 보이고, 보는 만큼 깨달을 수 있다. 4장에서는 각 메뉴의 정의와 특징에 대해서 알아보자.

MENU 1

메뉴 이름은 어떻게 지을까

에스프레소는 알겠는데 룽고는 뭐지? 리스트레토는? 사케라토에 이르면 더 이상 진도가 나가지 않는다. 오랫동안 커피를 즐긴 사람들도 정작 메뉴의 의미와 어떻게 만들어졌는지 알지 못한다. 몰라도 커피를 마시는데 지장은 없다. 하지만 알고 나면 커피가 더 재미있고 주문한 메뉴가 제대로 만들어졌는지, 아니면 바리스타 마음대로인지 판단할 수 있는 기준이 생긴다.

정통 이탈리안 커피의 주요 메뉴는 에스프레소, 룽고, 리스트레토, 마키아토, 콘파냐, 카페라테, 카푸치노, 카페모카 정도다. 이외에도 매장에서 많이 눈에 띄는 메뉴로는 캐러멜마키아토와 바닐라라테가 있다. 이를 만드는데 사용되는 주요 재료는 원두, 우유, 휘핑크림, 초콜릿소스, 바닐라시럽, 캐러멜소스, 설탕 등이다. 메뉴 이름은 이들 재료의 결합, 모양, 추출 시간의 길이로 결정된다.

카페라테와 카페모카는 두 가지 이상의 재료의 합으로 메뉴 이름을 만든 경우다. 모양을 따서 이름을 짓기도 한다. 대표적인 메뉴는 곱고 풍성한 거품이 매력적인 카푸치노다. 추출 시간에 따라 메뉴 이름이 결정되기도 한다. 에스프레소, 룽고, 리스트레토가 그렇다.

유럽에서는 흔히 카페라고 하면 에스프레소를 의미한다. 카페라테Cafe Latte는 에스프레소와 우유의 합성어로 에스프레소에 데운 우유를 희석해 만든다. 프랑스에서는 카페오레Cafe au Lait라 하고 스페인에서는 카페콘레체Cafe con Leche라 한다. 셋 다 우리말로는 커피우유를 의미한다. 알아두면 유럽 여행 시 꽤 도움이 된다.

카페모카Cafe Mocha는 이름만 보면 에스프레소에 초콜릿소스를 섞은 것이다. 하지만 여기에는 데운 우유가 생략돼 있다. 카페라테에 초콜릿소스를 첨가한 것으로 이해하면 된다. 항상 그런 것은 아니지만, 카페라테 위에 휘핑크림을 얹고 그 위에 초콜릿소스를 드리즐Drizzle하기도 한다.

마키아토Macchiato는 우리말로는 '얼룩진' 또는 '반점' 정도로 번역할 수 있다. 에스프레소마키아토는 에스프레소 위에 스팀한 우유 거품을 살짝 얹은 것으로 카페마키아토라고도 한다. 캐러멜마키아토는 모카소스 대신에 캐러멜소스를 드리즐한 것으로 만드는 순서나 방법은 카페모카와 같다.

카푸치노Cappuchino는 에스프레소에 스팀한 우유를 섞고 그 위에 곱고 풍성한 우유 거품을 얹어 만든다. 메뉴의 색깔과 모양이 이탈리아 카푸친 수도사들의 헐거운 옷과 비슷해서 카푸치노라는 이름을 얻게 되었다. 에콰도르의 수도 키토를 여행할 때 우연히 길에서 순례 중인 카푸친 수도사 무리를 만난 일이 있다. "Do you like cappuchino?" 짓궂은 아내의 질문에 그들은 환한 웃음을 지으며 한 목소리로 "Yes, we like it"이라고 답했다. 카푸치노를 즐길 때면 가끔 그들의 해맑은 얼굴이 떠오른다.

룽고Lungo는 영어로 'long'을 의미하며, 에스프레소를 길게 추출하는 것을 말한다. 반대로 리스트레토Ristretto는 영어로 'Restricted'를 의미하는데 추출 시간을 짧게 줄인 메뉴다. 에스프레소Espresso도 영어로 'Express' 또는 'Fast'의 의미인데 "리스트레토는 얼마나 빠르단 말인가?"라는 싱거운 농담도 있다.

순례 중인 카푸친 수도사들과 아내

MENU 2

에스프레소의 모든 것

"진한 커피, 농축한 커피, 아주 쓴 커피, 빠르게 추출한 커피, 양이 적은 커피, 높은 압력으로 뽑은 커피." 커피 강연 시 에스프레소의 정의를 물으면 나오는 대답 중 일부다. 평소 커피를 즐기는 사람이라면 누구나 한 번쯤은 에스프레소에 대해 들어봤을 것이다. 그럼에도 다른 커피 메뉴에 비해 즐기는 사람이 적어 익숙하지 않고 막연한 두려움이 있다.

에스프레소는 고온·고압으로 짧은 시간에 추출한 커피원액을 말한다. 보다 정확하게 정의하면 설탕보다는 작고 밀가루보다는 크게 분쇄한 커피가루 7~8g을 92℃의 물과 9기압의 압력으로 20~30초 동안 추출한 20~30ml의 커피원액이다. 앞서 언급한 사람들의 대답을 정리하면 에스프레소를 정의할 수 있다. 향후 카페를 할 계획이 있거나, 현직에 있는 바리스타라면 기본 메뉴인 에스프레소의 정의는 완벽하게 말할 줄 알아야 한다. 알아야 보이고 보는 만큼 깨달을 수 있다.

머신 사용법만 익히면 실력이 다소 부족해도 에스프레소 정도는 쉽게 만들 수 있다. 하지만 맛있는 에스프레소라고 말하기는 어렵다. 한잔의 훌륭한 에스프레소는 정확한 크기의 분쇄도, 정량의 도징, 적절한 압력의 탬핑, 깔끔한 태핑, 포터필터를 신속하게 그룹에 장착, 지체 없이 추출 버튼 누르기 등 신경 써야 할 것이 많다. 원두의 품질과 신선도, 에스프레소머신의 정확한 물량 세팅은 말할 것도 없이 중요하다.

에스프레소는 사용하는 원두의 양에 따라 솔로(싱글, 1샷), 도피오(더블, 2샷)로 구분한다. 추출 시간에 따라서 리스트레토, 룽고로 나뉜다. 에스프레소 위에 우유 거품을 살짝 얹으면 에스프레소마키아토 혹은 카페마키아토라고 한다. 휘핑크림을 올리면 에스프레소콘파나Espresso con Panna 또는 카페콘파나라고 한다. 에스프레소와 얼음, 그리고 설탕 시럽을 셰이커에 넣고 흔들어 만든 메뉴를 사케라토Shakerato 또는 카페사케라토라고 한다. 이외에도 에스프

리스트레토

에스프레소

에스프레소마키아토

레소를 베이스로 하는 다양한 메뉴가 있다.

맛있는 에스프레소를 추출하기 위해서 필요한 것은 무엇일까. 무엇보다 흠 없고 신선한 양질의 생두다. 이 생두를 중강 또는 그 이상으로 볶은 원두가 다음이다. 일주일에서 열흘 정도 지난 원두를 전동 그라인더에서 곱게 분쇄하고 솔로 기준으로 약 8g을 도징한다. 레벨링을 위해 탬핑과 태핑을 끝내고 지체 없이 포터필터를 그룹에 장착한다. 추출 버튼을 누르고 20~30초 동안 약 20~30ml를 추출했다면 이론상으로는 거의 완벽한 에스프레소라 할 수 있다.

에스프레소를 맛있게 즐기는 방법이 있다. 에스프레소에 스틱 설탕 3~5g을 넣는다. 약 10초 간격으로 세 번에 걸쳐 1/3씩 에스프레소를 다 비운다. 잔 바닥에는 일명 '커피캔디'라 하는 갈색 설탕이 맛있게 고여 있을 것이다. 티스푼으로 커피캔디를 즐기자. 빈 잔에 뜨거운 물을 에스프레소 양만큼 따른다. 이제 커피숭늉을 맛볼 차례다. 구수하고 향긋할 것이다. 이 방법의 장점은 첫 모

에스프레소콘파냐 룽고 에스프레소 도피오

금에 에스프레소 본래 맛을 음미하면서 자칫 부담스러울 수 있는 쓴맛을 설탕으로 중화시킨다는 것이다. 뜨거운 물로 입안을 헹구면서 커피의 잔향까지 즐길 수 있어 좋다. 에스프레소 입문자뿐만 아니라 평소 좋아하던 사람에게도 도움이 되니 꼭 시도해 보길 바란다.

MENU 3

어떤 우유를 사용할까

우유란 암소의 젖을 말하는 것으로 우리가 마시는 원유는 저온살균 등 최소한의 가공처리만 한 것이다. 원유 가운데 135~150℃에서 2~5초 정도 가열해 살균공정을 거친 것을 멸균우유라 한다. 탈지공정으로 지방을 낮춘 우유는 함량에 따라 탈지우유(0.1% 이내) 또는 저지방우유(2% 이내)라 한다. 우유의 주요 성분은 수분(88.2%), 당질(4.7%), 지질(3.4%), 단백질(3.2%), 회분(0.7%) 순이며 칼슘, 인, 철분, 나트륨, 칼륨, 비타민류가 소량 포함되어 있다.

칼슘은 우유를 이야기할 때 항상 중요하게 언급된다. 하루에 200ml 두 잔 정도를 마시면 골밀도 증가로 뼈를 튼튼하게 하고 대장암과 직장암을 예방할 수 있다. 다만 동물성 지방을 과다하게 오랫동안 섭취할 경우 그렇지 않은 사람에 비해 갑상선암 발생율이 높아질 수 있다는 연구가 있다.

동양인은 서양인에 비해서 체내에 락타아제 효소가 부족하다. 우유를 마시면 배탈이 나는 이유다. 유당불내증이라고 하는데 유당의 분해 및 흡수가 원활히 이루어지지 않아 발생한다. 배에 가스가 차고 심지어 설사까지 유발하는 대사질환이다. 한국인의 75% 정도가 유당불내증을 앓고 있다. 우유를 조금씩 여러 번에 나눠 자주 마시면 자극이 적어 내성을 만드는데 도움이 된다. 요즘에는 유당제거 공법으로 배탈이 나지 않는 락토프리 제품도 출시된다.

카페에서 아메리카노 다음으로 많이 판매되는 메뉴가 카페라테다. 아메리카노를 제외하고 거의 모든 메뉴에 우유나 크림 등 유제품이 들어간다. 커피와 우유는 떼려야 뗄 수 없는 관계다. 매장에서는 원유, 저지방우유, 멸균우유를 사용하는데 원유의 사용 비율이 가장 높다. 원유와 저지방우유는 멸균 과정을 거치지 않아 생우유라 한다.

생우유와 멸균우유는 눈을 가리고도 구분할 수 있을 만큼 맛이 다르다. 생우유는 회사마다 혹은 지방의 함량에 따라 같은 회사의 제품이라도 맛의 차이가 있다. 일부 회사에서는 카페 전용 생우유를 생산해 공급한다. 어느 회사 어떤 제품이 더 좋다고 말하기는 어렵다. 카페라테를 기준으로 에스프레소와 우유를 섞었을 때 본인이 어떤 맛을 표현하고 싶은지에 따라 결정해야 한다. 고소한 맛을 추구할지, 아니면 부드럽고 깔끔한 맛을 낼 것인지 결정하고, 여러 제품을 비교·대조한 뒤 선택하는 것이 옳다.

멸균우유는 생우유와 달리 상온 보관이 가능하다. 유통기한도 생우유가 생산일로부터 2주인 것에 비해 2~4개월로 상당히 길다. 무엇보다 생유유에 비해 저렴하다는 장점이 있다. 생우유의 원가가 부담스럽거나 유통기한을 관리하는 게 어렵다면 멸균우유를 사용하는 게 좋다. 냉장 시설이 없는 푸드트럭 카페에서 많이 사용한다.

생우유는 무더운 여름철이 아니어도 상온에 방치할 경우 쉽게 변질될 수 있다. 사용할 때마다 냉장고에서 꺼내 사용하고 사용한 뒤에는 반드시 다시 냉장고 넣어 보관해야 한다. 지금은 그런 곳이 없겠지만 스팀 후 남은 우유를 한곳에 모아 재사용하면 안 된다. 식품위생법 위반을 떠나 사람이 먹는 음식에 비용 절감을 이유로 양심을 저버리는 행동을 해서는 안 된다. 유통기한이 경과된 우유를 보관 또는 판매하는 경우 영업정지 처분을 받을 수 있다. 안타까운 것은 유통기한이 지난 것을 모르고 냉장고에 보관하다가, 해당 관청의 불시 위생점검에서 적발돼 행정처분을 당하는 경우도 있으니 주의해야 한다.

MENU 4

스티밍의 모든 것

 스티밍Steaming이란 에스프레소머신에 연결된 스팀노즐의 수증기로 스팀피처Steam Pitcher에 담긴 우유를 데우고 거품을 내고 섞는 일련의 과정을 말한다. 아이스 음료를 제외하고 우유가 들어간 모든 커피 메뉴는 스티밍의 결과물이다. 아무리 에스프레소를 잘 추출했다 하더라도 스티밍을 실패했다면 카페라테나 카푸치노가 될 수 없다. 메뉴에 맞게 거품을 내고 우유의 온도를 높여야 하는 이유로, 스티밍은 섬세한 감각한 정교한 동작이 요구되는 작업이다.

스팀피처는 스테인리스 재질로 되어 있어 녹이 잘 슬지 않고 열을 잘 흡수한다. 만약 열이 잘 흡수하지 않는 소재로 되어 있다면 우유가 금방 데워져 양질의 스티밍을 할 수 없다. 용량은 300ml(소), 600ml(중), 900ml(대)가 있는데 주로 600ml 제품을 많이 사용한다. 스팀피처는 상단 중앙에 주둥이가 있고 바깥에 손잡

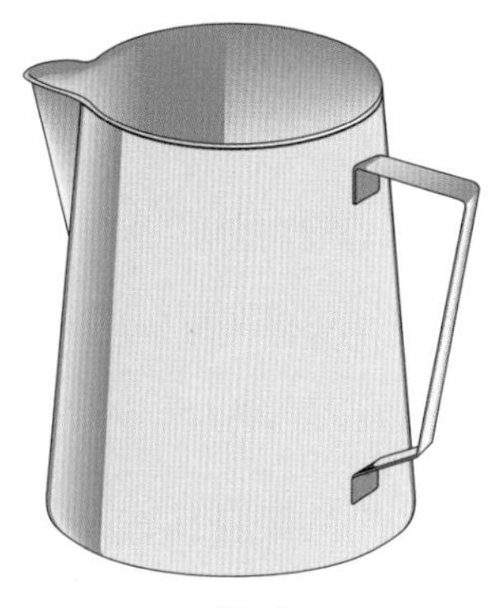
스팀피처

이가 있으며 아래는 넓고 위로 갈수록 좁아지는 형태다. 바닥이 넓은 이유는 스팀 노즐에서 분사되는 3~4갈래의 스팀이 아래로 퍼져 데운 우유가 잘 회전하도록 디자인한 것이다.

스팀피처와 우유는 차가울수록 스티밍의 결과물이 좋다. 스팀피처는 사용하고 나서 찬물로 세척하고 우유는 필요한 때마다 냉장고에서 꺼내 쓰도록 한다. 에스프레소 도피오로 10온스 카페라테 한 잔을 만드는데 필요한 우유는 약 160ml이며 300ml 스팀피처를 사용한다. 두 잔은 600ml, 세 잔은 900ml가 좋다.

스팀노즐은 우유에 담그기 전 스팀밸브를 열어 노즐 안에 있는 물기를 1~2초 동안 빼는 것이 좋다. 그렇지 않으면 스팀이 노즐 안에 고여 있는 물과 함께 나오면서 거친 거품이 형성되기도 하고 우유의 농도를 희석해서 음료에 좋지 않은 영향을 미친다. 노즐 안의 물을 뺄 때는 행주로 노즐을 감싸야 주변에 물이 튀는 것을 막을 수 있다.

스팀노즐에서 나오는 뜨거운 수증기가 우유에 전달되고 스팀피처 안에 갇히면서 시간이 지날수록 우유의 온도가 올라간다. 우유를 데울 때 몇 도가 적당할까? 70℃ 내외가 가장 이상적이다. 온도가 더 낮으면 우유가 비릿하고 더 높으면 텁텁하다. 신기한 것은 추출되는 에스프레소의 온도 역시 70℃ 내외라는 점이다.

우유의 거품은 어떻게 만들어질까? 공기를 스팀피처의 우유에 주입하는 것으로 생각하기 쉽지만 실제로는 스팀의 압력이 주변보다 높아서 그 주위의 공기가 빨려 들어가는 것이다. 거품을 만들 때는 우유에 스팀노즐 팁까지 담그고 스팀밸브를 열어 빠른 시간에 공급 주입을 마친다. 만약 스팀노즐 팁이 공기 중에 노출되면 주방세제 거품처럼 크고 거친 결과물이 나온다. 반대로 우유에 너무 깊게 담그면 거친 쇳소리가 나면서 부글부글 끓어오르니 주의해야 한다.

스티밍 역시 가장 신경 써야 할 점은 위생이다. 스팀행주는 한 번 사용하면 빨아서 다시 사용하는 것이 가장 이상적이다. 하지만 현장에서 그럴 여유가 없다. 그렇다고 일회용 스팀행주를 쓰자니 비용과 쓰레기가 만만치 않다. 스팀행주는 적어도 1시간에 한 번씩은 깨끗이 빨아서 재사용하는 것이 좋다. 그렇지 않으면 행주에 세균이 번식해 쉰내가 나고 그것으로 닦은 스팀노즐이 우유에 들어가 음료를 오염시킨다. 특히 무덥고 습한 여름에는 위생상 더 자주 스팀행주를 빨아 사용하는 것이 좋다.

MENU 5

카페라테와 카푸치노의 차이

카페에서 카페라테와 카푸치노를 동시에 주문하면 어떤 일이 벌어질까? 실력 있는 바리스타가 근무하는 일부 카페를 제외하고 대부분은 두 개의 차이를 거의 느낄 수 없다. 카푸치노임을 증명이라도 하듯 시나몬파우더를 토핑한 것이 전부인 경우도 있다. 바리스타 2급 실기시험에서 에스프레소 두 잔과 카푸치노 두 잔을 만드는 이유가 여기에 있다. 시험을 주관하는 기관마다 차이가 있다. 600ml 스팀피처 하나로 한 번의 스티밍으로 두 잔의 카푸치노를 만들거나 두 번의 스티밍으로 두 잔을 각각 만들 것을 요구하기도 한다.

카페라테는 에스프레소와 우유의 조합으로 만든 커피 메뉴다. 데운 우유Steam Milk의 양과 거품Milk Foam의 미세한 차이에 따라 카페라테와 플랫화이트Flat White로 구분하기도 한다. 카페라테는 거품의 두께가 0.5cm 이하고 에스프레소 도피오 기준으로 우유와의 비율은 1:3이 좋다. 10온스 기준으로 8할 용량의 음료를 만든다고 가정하면 에스프레소 60ml와 우유 180ml가 적당하다. 플랫화이트는 단어 의미 그대로 '평평한'과 '우유'의 합성어다. 카페라테보다 우유의 양은 120~140ml 정도로 더 적고 거품의 두께는 거의 없거나 약 0.2mm로 더 얇다. 에스프레소의 양은 동일하다. 카페라테보다 더 농밀한 맛을 느낄 수 있으며, 목 넘김이 훨씬 부드럽다.

만드는 재료 자체만으로 보면 카푸치노와 카페라테는 아무런 차이가 없다. 둘 다 모두 에스프레소와 우유로 만드는 것이다. 하지만 거품의 두께가 가장 큰 차이이다. 카페라테가 0.5cm 이하라면 카푸치노는 1.5cm 이상이어야 한다. 그렇지 않고 애매하게 1cm 정도가 되면 카페라테도 아니고 카푸치노도 아닌 정체 불명의 음료, 라푸치노가 된다. 이것은 바리스타가 의도적으로 만든 것이 아니다. 실력 부족 또는 실수에 의한 것이기 때문에 좋은 결과물이라 할 수 없다.

카푸치노는 거품을 만드는 방법에 따라 카푸치노스쿠로Cappuccino Scuro와 카푸치노치아로Cappuccino Chiaro로 나뉜다. 전자는 프렌치프레스나 스팀노즐로 곱고 풍성하게 거품을 낸 뒤 큰 스푼으로 거품을 떠서 에스프레소와 우유가 섞인 음료에 얹은 것이다. 후자는 스팀노즐로 데우고 곱고 풍성한 거품을 낸 우유를 에스프레소에 붓는 것을 말한다. 전자는 에스프레소머신이 없는 경우 유용하며 후자는 하트, 로제타 등 디자인 카푸치노를 하는 경우에 적합하다.

카푸치노를 잘 만들기 위해서는 곱고 풍성한 거품이 필수적인데 이게 여간 어려운 일이 아니다. 우유에 스팀노즐 팁까지 담근 뒤 스팀밸브를 열어 3~4초 동안 공기를 주입하고 나머지 시간 동안 데우고 섞는다. 이때 중요한 것은 40℃까지 공기 주입을 마쳐야 한다는 점이다. 고운 거품은 지방과 공기를 감싼 단백질이 녹으면서 형성된다. 40℃ 이상에서는 단백질 변형이 일어나 거품이 회복 불가능한 상태가 된다.

바리스타가 카페라테와 카푸치노를 정확히 만들 수 있다면 반은 성공한 것이다. 그만큼 이 둘은 중요한 메뉴다. 개인적으로 직원을 채용할 때 딱 한 가지만 본다. 카페라테와 카푸치노의 차이를 정확히 설명할 수 있고 둘을 명확히 구분할 수 있을 만큼 만들 수 있느냐다. 고객 역시 둘 간의 차이를 정확히 알아야 주문한 메뉴가 나왔을 때 제대로 만든 것인지 구분할 수 있다.

카페모카와 캐러멜마키아토

여자와 남자는 좋아하는 커피가 다를까? 매장에서 주문을 받으면 메뉴마다 선호도가 살짝 다르다. 여자는 아메리카노보다는 카페라테를 좋아하고 반대로 남자는 카페라테보다 아메리카노를 더 찾는다. 여자는 카페모카를 캐러멜마키아토보다 더 선호하고 남자는 캐러멜마키아토를 카페모카보다 더 주문하는 경향이 있다. 주문을 받을 때 메뉴를 정하지 못한다면 위 결과를 참고하면 좋다.

일반적으로 사람들이 카페모카에 대해 갖는 편견이 있다. 카페모카가 다른 커피에 비해 카페인이 더 적다는 믿음이다. 결과부터 얘기하면 거의 모든 커피 메뉴 가운데 카페모카의 카페인 함량이 가장 높다. 카페모카의 레시피를 보면 이해가 빠르다. 에스프레소 도피오에 초콜릿소스를 뿌려 녹인다. 그 위에 데운 우유를 잔의 80%까지 채운다. 그 위에 휘핑크림을 먹기 좋게 올린다. 다시 초콜릿소스를 휘핑크림 위에 드리즐하면 보기도 예쁘고 맛도 달콤한 카페모카 완성이다.

대부분의 사람들은 초콜릿에 카페인이 포함되어 있다는 것을 잘 모른다. 카페인은 쓴 커피에 많이 들어 있는데 초콜릿은 달기 때문에 없을 거라고 생각한다. 카페모카를 만들 때 초콜릿소스는 30g 정도가 들어간다. 이는 시중에서 파는 초콜릿바(34g)와 비슷한 양으로 다크초콜릿 기준으로 카페인 함량은 44mg 정도다. 에스프레소 반 잔 정도의 카페인이 들어간 것을 알 수 있다. 카페모카는 점심 식사 후 약간 허기가 느껴지는 오후 4~5시경에 더 생각난다. 만약 카페인에 예민한 사람이라면 바리스타에게 디카페인 원두가 있는지 물어보고 가능하면 디카페인 카페모카를 마시는 것이 좋다.

지금은 없지만 몇 해 전까지만 해도 손님 중 일부는 에스프레소마키아토와 캐러멜마키아토를 헷갈렸다. 전자는 우유 거품으로 포인트를 주는 것이고 후자는 캐러멜로 드리즐한 것이다. 쌉쌀하면서 달콤한 초콜릿소스와 달리 캐러멜소스는 단맛이 특징이다. 어릴 적 학교 앞에서 팔던 뽑기의 맛을 떠올리게 한다. 캐러멜은 설탕과 우유를 달여 만든 것이라 그렇다. 설탕의 자극적인 단맛과 우유의 부드러움이 섞여 오묘한 단맛을 낸다.

캐러멜마키아토는 뜨거운 음료보다는 차가운 것이 보기에도 예쁘고 맛있다. 투명한 잔이나 컵 안쪽으로 흐르는 캐러멜소스는 커피를 마시기 전부터 군침을 돌게 한다. 차가운 캐러멜마키아토를 만들 때는 반드시 투명한 잔이나 컵에 얼음을 채우고 찬 우유를 반쯤 붓는다. 캐러멜소스는 우유에 뿌리지 말고 잔이나 컵의 안쪽 벽 상단을 한 바퀴 돌리면서 뿌린다. 에스프레소를 붓고 휘핑크림을 얹은 뒤 다시 캐러멜소스를 드리즐하면 보기만 해도 맛있는 아이스 캐러멜마키아토 완성이다.

"카페모카는 입으로 마시고 캐러멜마키아토는 눈으로 즐긴다." 초콜릿바와 뽑기를 생각하면 이해가 빠를 것이다. 학창시절 여자와 남자의 경험이 조금 달랐기 때문일까. 어른이 되어서도 좋아하는 것은 크게 바뀌지 않는다. 추운 겨울 아침 여성에게는 따뜻하고 달콤하고 쌉쌀한 카페모카 한잔을 권하고 무더운 여름 오후 남성에게는 시원하고 달콤한 캐러멜마키아토 한잔을 건네자. 여간해서는 실패하지 않는 메뉴 선택이다.

카페모카

캐러멜마키아토

MENU 7

사케라토에는 술이 없다

세상에는 사람에게 쓰기에 좀 불편한 이름이 있다. 이름은 그 사람의 이미지를 결정하는데, 개명 명단을 보면 상상 이상의 이름들이 많다. 사람 됨됨이에 관계없이 이름 때문에 오해를 받는 것은 사람뿐만이 아니다. 커피 메뉴도 다른 사물과 발음과 철자가 비슷해서 괜한 불편을 겪을 때가 있다. 대표적인 메뉴가 사케라토Shakerato다. 술을 좀 한다는 성인 남녀들은 예외 없이 레시피에 사케Sake가 들어가는지 묻는다. 짓궂은 손님은 사케를 넣어주면 주문하겠다며 싱거운 농담을 던지기도 한다.

이탈리아어로 사케라토는 '흔드는'이라는 뜻의 형용사다. 영어로는 'shaken'으로 번역할 수 있다. 영어 셰이큰과 철자와 발음이 비슷해 그 의미를 쉽게 알아차리는 사람이 있는가 하면 평소 사케를 좋아하는 사람은 전혀 다른 의미로 해석하기도 한다. 윌리엄 엘리 힐William Ely Hill의 그림 〈나의 부인과 장모님My Wife and My

Mother-in-law〉 또한 비슷한 예다. 누구는 그림에서 젊은 여인의 얼굴을 보는가 하면 어떤 이는 주름이 있는 여인의 얼굴을 본다.

사케라토는 에스프레소와 각얼음, 그리고 설탕시럽을 셰이커에 넣고 30초 정도 얼음이 다 녹을 때까지 흔들어서 만든다. 만약 녹지 않은 얼음이 있으면 특유의 부드러운 식감을 위해 제거하고 잔에 따른다. 칵테일 잔이나 바닥이 넓고 깊이가 낮은 유리잔에 담아야 마시기 편하고 보기에도 예쁘다. 우리나라에서는 아직 낯설지만 이탈리아에서는 흔하고 인기 있는 커피 메뉴 중 하나다.

간혹 사케라토를 만들 때 편리함 때문에 셰이커 대신 블렌더를 쓴다. 그 심정을 모르는 바는 아니다. 셰이킹을 여러 번 하고 나면 머리가 어지럽고 힘에 부친다. 그러나 사케라토는 에스프레소 시그너처 중 하나로 바리스타의 손맛이 들어가는 음료다. 손으로 하느냐 아니면 기계의 힘을 빌리느냐에 따라 모양뿐만 아니라 맛에도 차이가 있다. 좀 힘들고 귀찮더라도 한 잔 한잔에 정성을 다하자.

사케라토

더치커피 원액을 베이스로 하는 것을 더치사케라토라 한다. 특히 더치사케라토는 만드는 중 거품이 많이 생기고 보다 부드러운 커피 맛이 매력이다. 카페사케라토도 부드럽지만 더치사케라토는 거품이 훨씬 더 풍성하기 때문에 비주얼, 식감, 부드러움을 어필할 수 있는 메뉴다. 다만 카페사케라토보다 거품이 빨리 꺼진다는 점은 아쉽다. 눈이 부시도록 아름다운 황혼의 노을이 어둠 속으로 쉬이 사라지는 것처럼.

단맛을 좋아하는 사람을 위해서 설탕시럽 대신 연유, 흑당, 꿀을 넣기도 한다. 흑당은 특유의 달콤한 향과 자극적인 단맛 때문에 젊은 사람들 가운데 마니아층이 있다. 꿀은 어지간해서는 찬물에 잘 녹지 않는다. 꿀처럼 점성이 있는 재료는 셰이커에 넣고 흔들어 만든다. 흑당 대신에 꿀을 넣으면 허니사케라토가 된다.

요즘에는 헛개나무와 꿀이 들어간 해장용 커피도 나온다. 하지만 실제 해장 효과가 있을 것인가에는 의문이다. 숙취의 원인은 수분과 전해질의 부족, 그리고 몸 속의 잔류 알코올 때문이다. 커피를 마시면 항이뇨호르몬의 분비를 억제해 갈증을 더 느낀다. 커피 해장이 플라시보효과Placebo Effect야 있겠지만 아침에는 물을 충분히 마시고 부드러운 죽 등의 음식을 먹자. 아침 커피를 참은 보상으로 점심에 꿀을 넣은 허니사케라토를 마시는 것은 어떨까.

MENU 8

비엔나커피를 넘어 서울커피로

인스타그램, 페이스북 등 SNS는 비주얼이 멋진 새로운 커피 메뉴를 알리는 가장 유용한 수단이다. 비엔나커피로 더 잘 알려진 아인슈페너Einspänner는 커피 본연의 맛은 유지하면서 달콤함까지 갖춘 메뉴다. SNS에서도 인기가 많아 #비엔나커피, #아인슈페너를 달고 단골로 노출된다.

과거 오스트리아의 수도 빈Wien을 여행할 때의 일이다. 여기까지 왔는데 비엔나커피를 마시지 않는 건 도리가 아니다 싶어 유구한 역사를 자랑하는 고풍스러운 카페에 들렀다. 메뉴판을 뚫어져라 찾아봐도 내가 찾는 커피는 없었다. 그러나 주변 테이블에는 내가 주문하려는 커피가 눈에 띄었다. 웨이터를 불러 물어보니 웃으면서 잠시만 기다리라고 했다. 얼마 후 그는 커피와 물 한 잔을 가져왔다. 웃으면서 "여기 있는 모든 커피가 비엔나커피고 또한 우리에게 비엔나커피라는 메뉴는 없다"고 했다. 더치

Dutch(네덜란드)에 가서 더치커피Dutch Coffee를 달라고 하는 것과 다를 바 없었다.

아인슈페너는 커피 위에 휘핑크림을 가득 올린 것으로 '말 한 마리가 끄는 마차'라는 의미가 있다. 크림 덕분에 커피가 잘 식지 않고 웬만한 움직임에도 넘치지 않으며 열량이 높아 든든하다. 딱 마부를 위한 커피라는 것을 알 수 있다. 마부는 자동차에 밀려 역사의 뒤안길에 사라졌지만 그 추억만은 커피로 남아 여전히 필부들의 사랑을 받고 있다.

대한민국의 수도 서울을 대표하는 커피는 없을까. 무슨 뜬금없는 소리냐고 하겠지만 커피종주국이 따로 있는 게 아니다. 이탈리아는 생두 한 톨 나지 않지만 1884년 모리온도가 에스프레소머신을 만든 이후로 커피 하면 떠오르는 국가가 되었다. 이와 반대로 에티오피아는 커피가 처음 발견되었고 세계 5위권의 생두 생산지임에도 커피 음료로는 이렇다 할 목소리를 내지 못한다. 미국 스타벅스는 1980년대 후반에서야 비로소 커피 회사로 발돋움했지만 30여 년이 지난 지금 세계 커피 시장의 패권을 쥐게 되었다.

우리도 내세울 만한 커피가 있지 않을까. 모닝커피Morning Coffee를 기억하는가. 나 역시 어릴 적 아버지를 따라 다방에 갔을 때 눈으로만 봤던 커피다. 지금은 레트로 스타일Retro Style, 즉 복고풍의 유행으로 일부 카페에서 모닝커피를 맛볼 수 있다. 뜨겁고 진한 아메리카노에 신선한 달걀노른자 한 개를 띄우고 위에 참기름 한

두 방울을 살짝 뿌린 것이다. 1970~80년대 다방에서 나름 비싼 몸값을 자랑했던 시그너처 메뉴였다.

개인적으로는 에스프레소 도피오에 데운 우유를 120ml 정도 붓고 그 위에 노른자 두 개를 띄우고 참기름 위에 깨소금을 조금 토핑한 것을 좋아한다. 특히 아침 공복에 이 커피를 마시면 위가 사랑받는 느낌이다.

잠시 유쾌한 상상을 해보자. 서울로 여행 오는 외국인들이 모닝커피의 비주얼과 맛, 그리고 스토리에 반한다. 너도 나도 모닝커피를 찍어 #seoulcoffee, #morningcoffeeinseoul로 인스타그램과 페이스북에 올린다면 어떻게 될까. SNS의 파급력을 감안하면 불과 몇 년 안에 서울을 대표하는 커피가 되지 않을까. 그 이후에 또 어떤 일이 일어날지 알 수 없지 않은가. 유사 이래 세상을 변화시킨 크고 대단한 일도 사소하고 보잘것없는 것에서 시작되었다.

MENU 9

더치커피인가 콜드브루커피인가

분쇄한 원두를 상온의 물로 장시간 접촉해 추출한 커피의 이름은 무엇일까? 우리가 지금까지 알고 있었던 대로 더치커피Dutch Coffee일까. 아니면 요즘 많이 언급되는 콜드브루커피Cold Brew Coffee일까. 이 커피에 대한 관심은 일본을 제외하고 거의 모든 나라에서 불과 10여 년 정도밖에 되지 않는다. 그 이전에는 별 관심도 없었고 지금처럼 사람들이 찾지도 않았다.

아시아에서는 두 가지 이름을 혼용해서 사용하고 있다. 같은 나라에서도 사람에 따라 한 가지를 선택해 사용하기도 한다. 일부는 더치커피보다 콜드브루커피라고 해야 조금 더 세련돼 보인다고 생각한다. 하지만 서구권 나라들은 이 상온추출법을 거의 예외없이 콜드브루커피라고 한다. 그들은 적어도 세 가지 이유로 더치커피라고 부르는 것에 주저한다.

첫째, 커피 이름 앞에 원산지도 아닌 나라 이름을 붙이고 싶지 않아서다. 특정 국가에 커피 메뉴 주도권을 뺏기고 싶지 않다는 그들 의지의 표현이라 할 수 있다. 더치는 우리가 알고 있는 네덜란드다. 정작 자국민들은 자신을 소개할 때 네덜란드나 더치라고 하지 않고 홀랜드Holland에서 왔다고 한다. 어쨌든 더치, 네덜란드, 홀랜드는 모두 같은 나라를 의미한다. 재미있는 것은 요즘 네덜란드마저 콜드브루커피라고 한다는 것이다.

둘째, 더치커피라고 하면 어떤 커피를 특정하는 것이 아니라 그 나라의 모든 커피를 의미하는 것이라 옳지 않다는 것이다. 실례로 코리아커피, 차이나커피, 프렌치커피 등 커피 앞에 나라 이름을 붙이면 어떤 커피를 말하는 것인지 분명하지 않다. 표면상으로는 충분히 공감되는 이유다. 하지만 서구의 많은 나라에서 아메리카노를 메뉴 이름으로 쓰는 것을 생각하면 이 역시 설득력이 떨어진다.

셋째, 더치커피 역사의 모호성이다. 우리가 지금껏 알고 있는 더치커피의 기원은 두 가지다. 하나는 네덜란드 선원설이다. 어느 날 선박 내에 보관 중이었던 분쇄한 원두가 빗물에 젖어 추출되는 것을 보고 선원들이 상온추출법을 착안했다는 것이다. 나머지는 인도네시아 커피 녹병설이다. 19세기 후반 인도네시아 자바섬에 커피 녹병이 창궐해 아라비카커피나무가 거의 다 고사했다. 병충해에 강하고 잘 자라는 로부스터를 심었는데 뜨거운 물로 추출하면 쓴맛이 너무 강해 상온의 물로 추출했다는 것이다.

상온추출법의 기원에 대해 완전히 다른 주장을 펼치는 사람도 있다. 미국의 커피 전문 기고가인 스콧Scott은 그의 칼럼 「콜드브루의 역사The History of Cold Brew」에서 콜드브루는 일본 교토에서 1600년대에 시작되었다고 주장한다. 그러나 이 글의 신빙성이 떨어지는 가장 큰 이유가 있다. 일본 굴지의 커피회사인 UCC 자료에 따르면 커피가 일본에 전래된 시기는 1700년경이다. 나가사키 데지마에서 활동한 네덜란드 무역상이 가져온 것으로 기록되었다. 그 당시 일본인들은 커피의 쓰고 불쾌한 맛을 싫어해 커피가 유행하지 못했다. 일본이 본격적으로 커피를 마시기 시작한 것은 메이지 유신 이후 서구문화를 동경하면서다. 일본 최초의 카페인 카히차칸Kahisakan 역시 1888년에 이르러 문을 열었다.

일본 역시 빨라야 19세기 말에나 상온추출법을 시작하지 않았을까 짐작할 수 있다. 핸드드립의 시작은 독일이지만 일본은 핸드드립 관련 추출 기구를 비롯해 정교한 드립법을 고안했다. 상온추출법 또한 네덜란드 선원설과 인도네시아 커피 녹병설이 맞다 하더라도 일본의 공을 부정할 수 없다. 지금 전 세계에서 사용하고 있는 정교한 상온추출 커피 기구는 일본이 최초로 발명했고 지금까지 다양한 디자인으로 발전시켰다.

일본인들은 상온추출법을 뭐라 부를까. 스마트폰 출현 이전에 커피를 즐겼던 중년 이상은 더치커피라고 하고 요즘 대부분의 젊은 사람들은 콜드브루커피라고 한다. 우리나라 역시 약 10년 전까지만 해도 예외없이 더치커피라고 했다. 지금은 다르다. 스마트폰이 대중화되고 SNS에 상온추출법이 #coldbrewcoffee라고 올라오면서 콜드브루커피가 좀 더 세련돼 보이는 말로 인식되었다.

어떤 명칭을 쓰든 관계가 없다. 다만 상온추출법의 기원은 칼디의 커피 발견설처럼 어디까지나 설일 뿐 역사적 사실은 아니라는 점은 기억하자. 상온추출법에 관한 일본의 공은 인정하되 자의든 타의든 지나친 커피 역사의 왜곡은 바로 잡아야 한다.

MENU 10

상온추출법의 종류와 특징

더치커피와 콜드브루커피는 추출 방법에 따라 구분하기도 한다. 점적식으로 추출하는 것을 더치커피라 하고 침출식으로 추출하면 콜드브루라고 하는 식이다. 문제가 되지는 않으나, 명확한 기준을 두고 사용하는 것이 아니라 오히려 혼란을 주기도 한다. 예를 들면 네덜란드 암스테르담의 유명 카페인 드루파커피로스터스Drupa Coffee Roasters는 점적식 추출이면서도 콜드브루커피라고 하기 때문이다.

이후부터는 혼선을 피하기 위해 더치커피와 콜드브루커피를 모두 상온추출커피라 하고 둘의 차이를 설명할 때만 각각의 이름을 쓸 것이다. 상온추출법은 핸드드립보다 곱게 분쇄한 원두를 종이나 헝겊필터를 깐 커피탱크에 넣고 상온의 물과 장시간 접촉해 커피를 추출하는 방법이다.

둘 다 상온의 물과 대기압 상태에서 긴 시간에 걸쳐 커피를 추출한다. 고온과 고압, 그리고 단시간에 커피를 추출하는 에스프레소와는 극명하게 반대 선상에 있다. 상온추출법은 에스프레소에 비해 상대적으로 맛이 부드럽고 오래 보관할 수 있어 원액을 용기에 담아 휴대할 수 있다는 장점이 있다. 반면에 에스프레소 특유의 크리미한 질감과 강렬한 쓴맛에는 미치지 못한다. 명이 있으면 암이 있듯 법, 모든 것을 갖춘 완벽한 커피는 없으니 장점만을 취한다면 충분히 매력적인 추출법이다.

점적식은 문자 의미 그대로 분쇄한 원두에 물을 한 방울씩 7~8시간 동안 떨어뜨려 커피를 추출하는 방법이다. 추출 기구를 보고 있노라면 마치 작은 화학실험실을 연상케 한다. 일정한 양과 간격의 물방울 조절, 커피탱크 내 원두의 양과 분쇄도, 탬핑의 세기, 원두의 불림, 추출 시간과 추출량 등은 숙련되기까지 많은 노력을 요한다. 기구, 원두, 분쇄도가 같더라도 누가 커피를 추출하느냐에 따라 맛의 차이가 있다.

매장 내 추출 기구를 설치하는 것만으로도 카페 분위기가 한층 멋스럽다. 커피가 한 방울씩 떨어지는 모습은 마치 커피 천사의 눈물을 연상케 한다. 넬 필터를 사용할 경우 침출식에 비해 보다 깔끔하고 정갈한 맛이 특징이다. 추출 시간에 따라 커피 추출량이 결정되기 때문에 농도 조절이 가능하다. 다만 추출 기구가 유리라서 세척이나 관리 중 쉽게 파손될 수 있다.

침출식은 종이나 헝겊필터에 분쇄한 원두를 넣고 물에 12~24

시간 동안 담가 커피를 추출하는 방법이다. 누구나 쉽게 할 수 있으며 사람에 따라 맛의 차이가 거의 없다. 점적식과 달리 한번에 많은 양의 커피를 손쉽게 추출할 수 있으며 추출 과정 중 신경 쓸 일이 없다는 게 장점이다. 묵직한 바디감과 쓴맛이 매력적이다. 물에 오랜 시간 담가 추출하기 때문에 잡미가 있을 수 있다.

미국의 토디Toddy라는 회사에서 상용화한 추출법으로 창업자인 토드 심슨Todd Simpson이 발명했다. 이와 관련해 재미있는 일화가 있다. 1964년대 토드가 식물을 공부하기 위해 페루를 여행했는데 그곳에서 커피 한잔을 대접받았다. 보통은 그 자리에서 커피를 끓이는데 이미 추출한 커피를 데우는 것이었다. 그는 편리함과 가벼운 산미에 반했다. 그 뒤 고국으로 돌아와 침출식 커피메이커 토디the Toddy를 발명했다.

점적식과 침출식 두 방법 중 어느 것이 더 좋다고 말하기는 어렵다. 처한 상황과 형편, 그리고 추구하고자 하는 커피 스타일에 적합한 방법을 택하면 된다. 명심할 것은 원두가 나쁘면 어떤 방법을 쓰더라도 맛있는 커피를 만날 수 없다는 것이다. 예수님도 물로 포도주는 만들어도 형편없는 원두로 맛있는 커피를 만들 수는 없다.

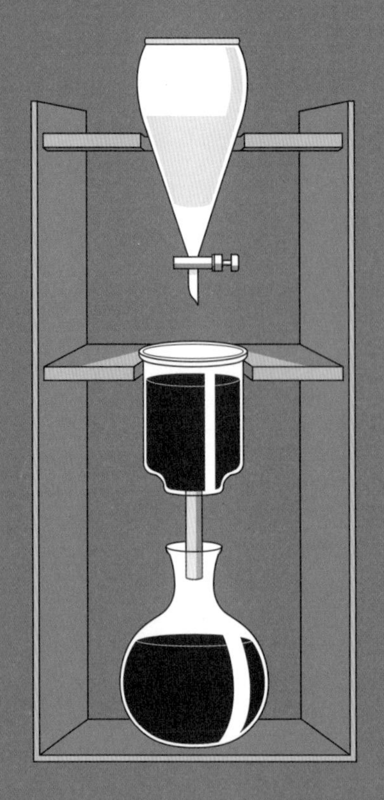

상온추출 점적식

상온추출 침출식

상온추출 방법

MENU 11

상온추출법의 위생과 카페인

에스프레소는 고온과 고압으로 짧은 시간에 추출을 마치기 때문에 추출 과정 중 위생 문제가 거의 발생하지 않는다. 반면 상온추출커피는 상온과 대기압 상태에서 장시간에 걸쳐 추출한다. 커피가 추출 과정 중 오염원에 노출될 경우 세균이나 대장균 등이 번식할 수 있다. 여름이면 빼놓지 않고 보도되는 상온추출커피의 위생 문제가 바로 이 때문이다.

해결 가능한 방법이 없는 것은 아니다. 대표적으로 파스퇴르 살균법이 있다. 일명 저온살균법이라고 하며 1864년 프랑스의 화학자 루이 파르퇴르Louis Pasteur가 고안했다. 60~70℃로 30~40분간 가열하면 질병의 원인이 되는 일반 병원균의 수가 급격히 줄어드는 효과가 있다. 예로부터 중국과 일본에서는 술을 오랫동안 보관하기 위해 이와 유사한 방법을 사용했다. 다만 병원균과 미생물의 세포를 완전히 제거하는 멸균법과 다르다. 상온추출커피를 파스

퇴르살균법으로 처리한 결과 커피가 열에 오랜 시간 노출되면서 향미가 완전히 달라졌다. 세균 수는 줄어들 수 있으나 무미건조한 커피가 되어 실제 적용에는 한계가 있다.

식품의약품안전처는 식품제조업 등록을 한 자에게 분기마다 제조식품에 대해 자가품질검사를 할 것을 강제하고 있다. 업체에 품질검사 설비를 갖춘 자는 직접 실시하고 그렇지 않으면 전문검사기관에 의뢰해 검사를 실시해야 한다. 만약 이를 1차 위반하면 시정명령부터 품목제조정지 1개월까지 처해질 수 있다.

자가품질검사를 받고 있음에도 불구하고 왜 상온추출커피는 위생 문제가 생길까. 시료를 본인이 검사하는 것은 말할 것도 없고 기관에 보낼 때 커피를 가열 소독을 하기 때문이 아닐까. 이 문제를 해결하기 위해서는 시·군·구 관청의 담당자가 불시에 업체에 들러 시료를 수거한 뒤 검사를 의뢰해야 한다. 이를 위해서는 식품위생법 개정을 해야 하는데 업체의 자율성을 저해하고 감독 인원의 확충과 예산 문제로 어렵다고 한다. 결국 업체가 위생에 더 신경 쓰는 방법밖에 달리 해결안이 보이지 않는다.

상온추출커피의 추출, 병입, 보관에 이르기까지 세균과 병원균 등의 오염으로부터 안전한 위생적인 방법 몇 가지를 소개한다. 아래 여섯 가지만 잘 지켜도 세균으로부터 자유로울 수 있다.

1. 점적식에 사용되는 추출 기구와 침출식의 커피컨테이너를 살균기에 넣고 살균한다.
2. 추출과 병입 시 반드시 위생장갑과 마스크를 착용하고 작업한다.

3. 점적식의 물방울을 조절할 때도 위생장갑을 끼거나 기타 위생적인 방법으로 한다.
4. 추출이 끝난 커피를 담을 병은 반드시 사용 전 살균기에 넣고 살균한다.
5. 점적식 커피 디스펜서는 추출 중 먼지나 날파리 등이 들어갈 수 있다. 이를 방지하기 위해 앞쪽에 개폐 문이 있는 것을 구매하고 없을 시 제작해 사용한다.
6. 병입한 커피는 냉장 보관한다. 시설 내 곰팡이나 기타 오염원이 없도록 수시로 청소와 소독을 한다.

상온추출커피의 가장 큰 오해는 카페인이다. '카페인이 아예 없다', '오히려 더 많다' 정말 각양각색이다. 결론부터 얘기하면 카페인은 있으며 추출 환경에 따라 다른 커피보다 적거나 많을 수 있다. 카페인은 70℃ 이상에서 많이 추출된다. 고온의 물은 짧은 시간이라도 커피가 추출되지만 상온의 물은 긴 시간 접촉해야만 추출이 된다. 그러니 상온이라도 접촉 시간이 길면 당연히 카페인은 추출된다.

과거 상온의 물로 대기압 상태에서 8시간 동안 180g의 원두로 1.5L를 추출하고 자가품질검사기관에 카페인 검사를 의뢰했다. 카페인의 함량은 1460.37mg/L였다. 결과적으로 상온추출커피 1.5L에 약 2,190.6mg의 카페인이 포함된 것이다. 추출량을 줄였거나 원두의 양이 많았다면 카페인의 함량은 더 높아졌을 것이다.

상온추출커피 음료에는 30~100ml의 원액이 들어간다. 이때 카페인 함량은 위 자료 기준으로 43.81~146.03mg이다. 에스프레소 솔로와 도피오를 베이스로 만든 아메리카노의 카페인은

70~100mg과 140~200mg이다. 둘을 비교하면 상온추출커피가 에스프레소 베이스보다 카페인의 함량이 약 70% 수준이라는 것을 알 수 있다.

이것은 어디까지나 개인적인 결과이며 사용하는 원두의 양과 커피 추출량에 따라 얼마든지 달라질 수 있다. 상온추출커피도 적지 않은 카페인이 있으니 본인의 몸과 컨디션을 고려해 즐겨야 한다.

MENU 12

나만의 커피 메뉴 만들기

유행과 함께 변화하는 고객의 기호에 부합하기 위해 새로운 메뉴의 개발은 필수적이다. 할 수만 있다면 매년 여름과 겨울을 위한 계절 메뉴를 만들어야 한다. 이런 매장은 아무리 불황이라도 잘될 수밖에 없다. 평소 커피를 좋아하고, 집에 커피 도구 몇 가지를 갖추고 있다면, 손님이 왔을 때 자신 있게 내놓을 수 있는 메뉴를 연습하도록 하자. 손님도 대접받는다는 느낌을 받을 것이고 두고두고 특별한 기억으로 남을 것이다.

메뉴 개발은 어떻게 할까. 만약 내년 여름 메뉴를 개발한다면 적어도 6개월 전인 11월에는 준비해야 한다. 5월부터 아이스 메뉴의 매출이 급격하게 늘기 때문이다. 남들이 하지 않는 특별한 음료를 만들려 하지 말고 기본 메뉴에서 파생되는 것을 찾아야 한다. 메뉴를 만든 다음에는 판매부터 하지 말고 직원 또는 가족부터 시식하고 단골 고객에게 보여주는 순서로 진행하면 좋다. 판매

위험을 줄이는 동시에 단골 고객으로부터 충성도를 이끌어 낼 수 있다. 새로운 메뉴 중 고객으로부터 꾸준한 사랑을 받는 것은 고정 메뉴가 되고, 그렇지 않은 것은 한철 인생으로 사라지게 된다.

다음은 새로운 메뉴로 개발해 메뉴판에 이름을 올린 두 가지 음료다. 허니카푸치노는 기존 카푸치노에 꿀을 추가한 것이다. 카페라테 대신 카푸치노를 선택한 이유가 있다. 카페라테는 바닐라 라테라는 달콤한 대용 음료가 있지만, 카푸치노는 그럴만한 음료가 없기 때문이다. 단순해 보이지만 실수하면 안 한 것만 못한 메뉴다. 포인트는 두 가지다. 우선 베이스로 꿀을 바닥에 뿌린다. 그 뒤 에스프레소로 꿀을 완전히 녹인다. 두 번째는 거품을 올린 후 꿀을 드리즐할 때다. 꿀이 거품 속으로 빠지지 않도록 가능한 가늘게 드리즐한다. 손님은 커피를 마실 때 달콤한 꿀과 풍성한 거품을 동시에 즐길 수 있다. 우유와 잘 섞인 에스프레소는 이미 꿀을 머금고 있어 쓴맛이 적고 첫맛은 고소하고 뒷맛은 달콤하다. 꿀의 양이 너무 많으면 커피 맛을 방해할 수 있어 주의해야 한다. 꿀을 한 가지 추가했을 뿐인데 생각보다 정교한 작업이 요구된다.

흑당사케라토는 사케라토에 우유와 흑당을 추가한 것이다. 사케라토 특유의 부드러움과 우유의 고소함, 그리고 흑당의 달콤함을 표현한 메뉴로 정교함과 다소 파워풀한 동작이 요구되는 음료다. 셰이커에 각얼음 2~3개, 우유 100ml, 흑당 30g, 에스프레소 도피오 순으로 넣는다. 얼음이 다 녹을 때까지 힘차게 흔든다. 손이 시릴 정도로 셰이커가 차가워지면 작업을 멈춘다. 얼음을 반쯤 채운 아이스컵이 가득 차도록 음료를 붓는다. 아이스컵의 안쪽 꼭대기 한 지점부터 한 바퀴 빙 돌려 흑당을 뿌린다. 컵 안쪽 위에서부터 아래로 맛있게 흘러내리는 흑당이 식욕을 돋운다.

흑당은 우유보다 비중이 커서 마지막에 뿌린 것은 안쪽 벽면에 흔적만 조금 남기고 금세 컵 바닥에 고인다. 아이스바닐라라테나 아이스카페모카와는 완전히 다른 맛이다. 한잔을 마시고 난 뒤에는 에너지가 솟는 기분이 들 것이다. 포인트는 재료를 넣는 순서와 정확한 계량, 그리고 힘차게 흔드는 데 있다. 이 음료를 연속해서 몇 잔 만들고 나면 기운이 다 빠진다. 바리스타 또한 흑당사케라토 한잔을 마셔야 할지도 모른다.

집에서도 나만의 메뉴를 개발할 수 있다. 신선한 원두가 없다면 스틱형 인스턴트커피를 이용하는 것도 좋은 대안이다. 이 경우 재료가 중요한 것이 아니다. 어떻게 조합하고 만드느냐에 따라 근사한 음료가 될 수 있다. 인스턴트커피 두 개와 냉동실에 있는 아이스크림으로 홈아포카토를 만들어보자. 인스턴트커피 두 개를 뜨거운 물 50ml에 완전히 녹인다. 비록 적갈색 크레마는 없지만 충분히 에스프레소 도피오 느낌을 준다. 볼이 넓은 유리컵에 적당량의 아이스크림을 넣고 그 위에 조심스럽게 커피를 부으면 홈아포카토가 완성된다. 이 정도는 누구나 시도할 수 있다. 우선 집에 있는 커피 도구와 재료로 할 수 있는 것부터 시작하자.

왜 우리는 커피에 끌릴까

이제 커피는 우유와 마찬가지로 생필품이 되었다. 커피가 없으면 단 하루도 못 살겠다며, 하루 종일 입에 달고 사는 사람들도 있다. 아침에 커피를 안 마시면 화장실을 못 간다는 사람도 꽤 있다. 나 또한 그 부류 중 한 명이다. 반면 아직도 커피를 안 마시거나 못 마시는 사람도 있다. 현재 커피의 위상은 과거와 많이 달라졌다.

요즘 2,000원 내외의 저렴한 커피도 많다. 그렇다고 맛이 떨어지는 것도 아니다. 그럼에도 왜 몇 배나 비싼 커피를 마실까. 일부의 평가처럼 허세일까. "옷은 남을 위해 입고 음식은 나를 위해 먹는다"라는 말이 있다. 특별한 행사에는 드레스코드가 있어 격식에 맞는 옷을 입어야 한다. 그렇지 않으면 출입이 제한되기도 한다. 보여주기 위해 커피를 마신다는 말은 이치에 맞지 않는다. 그것으로 자신의 이미지가 올라가지 않는다는 것쯤은 상식으로 알고 있다.

인스타그램, 페이스북 등 SNS에 사진을 올리기 위해 비싼 카페에 간다는 지적이 있다. 초등학교 때의 일이다. 과자 안에 꼭 가지고 싶은 그림카드가 있어서 한번은 먹지도 않을 과자를 산 기억이 있다. 요즘도 이런 마케팅은 아이들에게는 여전히 유효하다. 커피를 시켜놓고 마시지도 않으면서 사진만 찍고 갔다면 주장에 일리가 있다. 하지만 누가 카페에 와서 비싼 커피를 시켜놓고 사진만 찍는가. 일부는 사진도 찍지 않고 조용히 커피만 음미하기도 한다. 과시용으로 SNS에 올리는 경우도 있지만, 이 또한 뭐라 탓할 것도 못된다. 사회에 나쁜 영향을 미치는 것도 아니고 과소비라고 볼 수도 없기 때문이다. 대개는 본인의 아카이브Archive에 남기기 위해 사진을 찍는다.

사람들이 좋은 커피를 마셨을 때의 반응은 크게 세 가지다. 첫째, "역시 다르다", "정말 대단하다" 등의 반응이다. 기대만큼 훌륭했거나 기대하지 않았는데 정말 괜찮은 경우에 해당한다. 둘째, "뭐야, 이 커피는", "제값을 못하네" 등의 반응이다. 이는 기대보다 못할 때 나오는 불만이다. 셋째, "별것 없는데", "크게 다르지 않네" 등의 반응이다. 커피 자체는 나쁘지 않으나 재구매 의사가 없을 때 이런 반응을 보인다. 예외적인 경우를 제외하고 첫째 경우만 비싼 커피에 대한 수요가 지속된다.

좋은 커피에는 어떤 특별한 맛이라도 있는 것인가. 사람들은 커피의 어떤 맛에 매료돼 끌리는 것일까. 보통 커피에서는 경험할 수 없는 청량한 산미와 기분 좋은 쓴맛, 혀 안쪽에서부터 혀끝으로 흐르는 단맛을 못 잊어 이름 난 카페로 향한다.

특히 산미의 경우는 호불호가 극명하게 나뉜다. 오랫동안 커피를 즐긴 사람도 꺼리는 경우가 있다. 그럼에도 산미는 대개 고급 커피를 상징하는 맛이다. 과하지 않은 쌉쌀한 쓴맛 뒤에 오는 청량한 맛, 이것은 산뜻한 4월 같은 맛이다. 하지만 자극적인 신맛은 맛있는 커피의 특징은 아니다.

쓴맛은 커피의 상징과도 같은 주된 맛이다. 쓴맛과 탄 맛은 다르다. 고기를 구웠을 때 맛있게 잘 구운 것과 겉을 태운 것과의 차이와 같다. 묵직하고 쌉싸름한 쓴맛과 잔잔한 아침 호수같이 고요하게 다가오는 단맛은 자웅동체다. 이 맛을 알기 시작하면 쾌락과 고통이 함께 온다. 맛없는 커피는 더 이상 마시지 못한다.

카페의 특징 중 하나는 쾌적한 공간과 차별화된 분위기다. 누구의 방해도 없이 오롯이 차분하게 자신만의 시간을 보낼 수 있다. 레트로 감성이 충만하거나 미니멀리즘에 충실한 카페에서 누리는 맛있는 커피 한잔은, 가격 이상의 가치를 한다. 커피 자체의 경쟁력을 가진 카페는 좁은 공간에도 불구하고 많은 이들을 불러 모은다. 한쪽 구석의 좁은 탁자에서 커피 한잔을 마주함에도 불편을 마다하지 않는다. 다만 잔의 커피가 줄어드는 것이 애석할 뿐이다.

커피에 대한 설렘이 있다면 다소 커피 가격이 비싸더라도 아깝지 않다. 맛있는 커피를 만난다는 기대감에 카페에 도착하기 전부터 행복해진다. 《어린 왕자》에서 여우는 왕자를 만나기 한 시간

전부터 행복해질거라고 했다. 막상 만나면 너무 흥분해서 안절부절못할 거라고도 했다. 커피가 어린 왕자라면 우리는 여우가 되는 것이다. 커피를 만나러 가는 길은 항상 설렘과 기대로 충만하다. 그 커피가 귀한 것이라면 더욱 그렇다. 커피에 중독된다는 것은 어린 왕자에게 여우가 길들여지는 것이다.

걱정 마시라. 커피는 어린 왕자처럼 우리를 떠나 그의 별로 가지 않는다.

맛있는 커피 한잔이 주는 만족감

EBS CLASS ⓔ 시리즈 04

커피의 본질

1판 1쇄 발행 2020년 12월 5일
1판 3쇄 발행 2022년 4월 10일

지은이 구대회

펴낸이 김유열 | **콘텐츠기획센터장** 류재호 | **북&렉처프로젝트팀장** 유규오
북팀 박혜숙, 여운성, 장효순, 최재진 | **렉처팀** 이규대, 이예리, 김양희, 박한솔
마케팅 김효정, 최은영

책임편집 김민영 | **디자인** 온마이페이퍼 | **일러스트** 벼리 | **인쇄** 우진코니티

펴낸곳 한국교육방송공사(EBS)
출판신고 2001년 1월 8일 제2017-000193호
주소 경기도 고양시 일산동구 한류월드로 281
대표전화 1588-1580 **홈페이지** www.ebs.co.kr
이메일 ebs_books@ebs.co.kr

ISBN 978-89-547-5564-1 04300
978-89-547-5388-3 (세트)